新概念阅读书坊

ZHONGGUODI LI

SHENGJING

地理胜境

主编◎崔钟雷

吉林美术出版社

图书在版编目（CIP）数据

中国地理胜境 / 崔钟雷主编 . —长春：吉林美术
出版社，2011.2（2023.6 重印）
（新概念阅读书坊）
ISBN 978-7-5386-5227-7

Ⅰ.①中 ··· Ⅱ.①崔 ··· Ⅲ.①名胜古迹 – 中国 – 青少
年读物②风景区 – 中国 – 青少年读物Ⅳ.① K928.7-49

中国版本图书馆 CIP 数据核字（2011）第 015446 号

中国地理胜境
ZHONGGUO DILI SHENGJING

出 版 人　华　鹏
策　 划　钟　雷
主　 编　崔钟雷
副 主 编　刘志远　于　佳　芦　岩
责任编辑　栾　云
开　 本　700mm×1000mm　 1/16
印　 张　10
字　 数　120 千字
版　 次　2011 年 2 月第 1 版
印　 次　2023 年 6 月第 4 次印刷
出版发行　吉林美术出版社
地　 址　长春市净月开发区福祉大路 5788 号
　　　　　邮编：130118
网　 址　www. jlmspress. com
印　 刷　北京一鑫印务有限责任公司
书　 号　ISBN 978-7-5386-5227-7
定　 价　39.80 元

前　言

　　书，是那寒冷冬日里一缕温暖的阳光；书，是那炎热夏日里一缕凉爽的清风；书，又是那醇美的香茗，令人回味无穷；书，还是那神圣的阶梯，引领人们不断攀登知识之巅；读一本好书，犹如畅饮琼浆玉露，沁人心脾；又如倾听天籁，余音绕梁。

　　从生机盎然的动植物王国到浩瀚广阔的宇宙空间；从人类古文明的起源探究到21世纪科技腾飞的信息化时代，人类五千年的发展历程积淀了宝贵的文化精粹。青少年是祖国的未来与希望，也是最需要接受全面的知识培养和熏陶的群体。"新概念阅读书坊"系列丛书本着这样的理念带领你一步步踏上那求知的阶梯，打开知识宝库的大门，去领略那五彩缤纷、气象万千的知识世界。

　　本丛书吸收了前人的成果，集百家之长于一身，是真正针对中国少年儿童的阅读习惯和认知规律而编著的科普类书籍。全面的内容、科学的体例、精美的制作，上千幅精美的图片为中国少年儿童打造出一所没有围墙的校园。

编　者

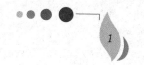

目 录

西北地区

东北地区

华东地区

总 述

ZONGSHU

中国概况简介

"**江**山如此多娇，引无数英雄竞折腰。"祖国壮丽的山河，多彩的风情总能让她的儿女为之自豪和骄傲，现在，让我们一起走进祖国秀丽多姿的山水中去感悟一下吧！

中华民族

在中华大地上生活的56个民族中，汉族的人口最多，约占全国总人口的92%。据2000年人口普查统计，中国55个民族的人口约占全国总人口的8.41%，故称少数民族。少数民族中，壮族人口最多，有一千六百多万人；珞巴族人口最少，不足3000人。中国侨居境外的公民称为华侨，凡加入外国国籍者通称为外籍华人，他们散居在五大洲一百三十多个国家和地区。

行政区划

全国划分为省、自治区、直辖市。省分为市、县；自治区分为自治州、自治县；县、自治县分为乡、民族乡、镇；直辖市和较大的市分为区、县。自治区、自治州、自治县都是民族自治的地方。此外，中国还设置了一些经济特区和省级直辖市。根据宪法规定，国家在必要时可设立特别行政区。回归祖国后的香港、澳门就分别被设立为特别行政区。

语言文字

中国共有 24 种民族文字，八十余种民族语言。汉族的文字是全国通用的文字，汉语是中国推广的官方语言，也是国际上的通用语言之一。少数民族中，回族、满族使用汉语，其他 53 个民族使用一种或数种民族语言，其中 23 个民族有自己的文字。少数民族中很多人兼通汉语。

宗教信仰

中国是一个拥有多种宗教的国家，主要宗教有道教、佛教、伊斯兰教、天主教、基督教等，信仰者达上亿人。回族、维吾尔族、哈萨克族、柯尔克孜族、塔塔尔族、乌孜别克族、塔吉克族、东乡族、撒拉族、保安族共 10 个民族信仰伊斯兰教；藏族、蒙古族、珞族巴族、门巴族、土家族、裕固族等民族信仰藏传佛教；傣族、布朗族、德昂族等民族信仰小乘佛教；苗族、瑶族、彝族等民族中有一部分人信仰天主教和基督教；汉族中

佛教对东南亚地区的影响也十分深远。

也有人信仰佛教、道教、天主教和基督教。此外，鄂伦春族、鄂温克族、达斡尔族等民族多信仰萨满教，还有个别民族信仰东巴教和本教。

中国近海简介

随着人类生产的发展和生活水平的提高，对资源的需求量日益增加。有了进步的科学技术，海洋资源的开发已成为世界开发利用自然资源的重要方向之一。

渤 海

渤海是中国的内海，它位于辽宁、河北、山东、天津三省一市之间，三面被陆地环抱，仅通过长约 90 千米的渤海海峡与外海相通。渤海面积约 7.72 万平方千米，由北部辽东湾、西部渤海湾、南部莱。州湾、中央浅海盆地和渤海海峡五部分组成。

渤海盛产对虾、蟹和黄花鱼，沿岸淤泥滩蓄水条件好，利于产盐，长芦盐场是中国最大的海盐场。在渤海海底蕴藏着丰富的石油和天然气资源，并已被开采，石油产量在逐年增加。沿岸有天津新港、秦皇岛港等著名港口，通过渤海海峡与黄海相通，这里是华北、西北和东北各省的出海要道。

黄 海

黄海是中国三大边缘海之一，它位于中国大陆与朝鲜半岛之间，

北起鸭绿江口，南以长江口北岸启东角到韩国济州岛的西南角连线与东海分界，西临渤海海峡与渤海相连，濒临中国的辽宁、山东和江苏三省。黄海面积约三十八万平方千米。

黄海长期受长江及淮、沭、沂等河大量的黄褐色泥沙注入的影响，成为世界上接受泥沙最多的陆缘海，黄海也因此而得名。黄海浅海盆地蕴藏着丰富的石油和天然气资源。港口有大连港、烟台港、青岛港、连云港、石臼港等，它们多被辟为中国对外开放的港口，黄海已成为对外贸易的重要海域。

东 海

东海是中国三大边缘海之一，也是中国大陆架最宽的边缘海。东海北起长江口北岸的启东角到韩国济州岛一线，与黄海毗邻；东北面以济州岛、五岛列岛、长崎一线为界，并经对马海峡与日本海相连；东面和东南面被日本九州岛、琉球群岛与太平洋隔开；南以广东省南澳岛到台湾省本岛南端一线同南海为界。濒临中国的沪、浙、闽、台四省市。东海呈东北—西南走向，面积约为七十九万平方千米。沿岸港湾、岛屿众多，尤其是浙、闽两省近岸地带，许多地方呈现岛链式海岸。东海地处中国南北海运的中枢和长江的出海口，并且是亚洲东部各国航运要冲，通过许多海峡与邻近海域或与太平洋沟通。中国东海沿岸著名的港口有上海港、宁波港、厦门港、基隆港、高雄港等。东海盛产黄鱼、带鱼、墨鱼等。海底石油和天然气资源也很丰富。

南 海

南海是中国最大的边缘海，又称南中国海。南海介于中国大陆、菲律宾群岛、加里曼丹岛、苏门答腊岛和马来半岛之间，濒临中国的广东、广西、福建、台湾和海南五省区，总面积约 358 万平方千米，几乎是渤海、黄海、东海三大海区面积总和的 3 倍。南海所处纬度较低，适合于造礁珊瑚虫的生长繁殖。南海根据位置不同可分为四个群岛，即东沙群岛、西沙群岛、中沙群岛和南沙群岛，总称南海诸岛。南海盛产热带鱼、虾，鱼种极多，且产量很高。近年来，在中国南海的沿海大陆架上，石油、天然气资源不断被发现和开采。南海四通八达，地理十分便利，地理位置也极为重要，是中国与东南亚、南亚、非洲、欧洲、大洋洲等地区通商贸易的重要港口。

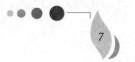

中国地貌简介

国的地貌呈现多样化的特点。中国有"世界屋脊"之称的青藏高原，也有地貌呈现千沟万壑的黄土高原。让我们一起来领略祖国的大好河山吧！

高 原

高原一般是指海拔高度在 500 米以上，面积广大，地形开阔，周边以明显的陡坡为界，比较完整的大面积隆起地区。高原素有"大地的舞台"之称，它是在长期

连续的大面积的地壳抬升运动中形成的。它以较大的高度区别于平原，又以较大的平缓地面和较小的起伏区别于山地。

青藏高原

青藏高原是世界上海拔最高的大高原。它地处中国西部及西南部，包括西藏自治区和青海省全部、四川省西部、新疆维吾尔自治区南部及甘肃省西南部。其东西长 2700 千米，南北宽 1400 千米，面积达 250 万平方千米，平均海拔在4000 米以上。

青藏高原的形成与地球上最近一次强烈的、大规模的地壳运动——喜马拉雅造山运动密切相关。青藏高原是世界上最高最年轻的高原，素有"世界屋脊"之称。高原上山脉众多，是长江、黄河、雅鲁藏布江、恒河、印度河、怒江、澜沧江、塔里木河等东亚、东南亚和南亚许多大河的发源地。

青藏高原地势高峻，对该地区和东亚的气候产生极大影响，使高原具有了独特的高原气候特征：空气稀薄，气压低，含氧量少，光照充足，辐射量大，高原寒冷干燥、气候严酷，自然植被多矮小稀疏，具有抗干寒、抗风、耐盐等生态特征，牲畜也均为耐寒种类。

云贵高原

云贵高原位于中国西南部，是中国南北走向和东北—西南走向两组山脉的交汇点，平均海拔 1000 米—2000 米。地势西北高东南低，是长江、西江（珠江的最大支流）和元江三大水系的分水岭。石灰岩地形广泛分布，有岩洞、石林等。根据地貌特征可分为东西两部分，即东部贵州高原和西部滇东高原。

云贵高原水力资源丰富，蕴藏着多种矿产资源，如锡、铜、汞、煤等，盛产烟草、茶叶、橡胶、咖啡、油桐、金鸡纳、胡椒、剑麻、香茅、紫胶等经济作物和当归、茯苓、黄连、木香、贝母、天麻、虫草、秦艽、三七等贵重药材。

内蒙古高原

内蒙古高原地处我国北方，所以又称北部高原。它东起大兴安

岭和苏克斜鲁山，西至马鬃山，南沿长城，北接蒙古国。其东西长约两千千米，南北宽约五百千米，面积34万平方千米，为中国第二大高原。内蒙古高原海拔多在1000米~1400米。地势南高北低，起伏和缓，切割轻微，阴山横贯中部。内蒙古高原属温带半干旱气候，日照充足，多大风，可利用风力发电。土地资源丰富，牧草生长良好，是中国最主要的畜牧业基地。草原上还盛产各种中草药，如甘草、黄芪、黄芩、赤芍、麻黄等。高原上高盐湖有盐、碱、芒硝等资源。矿产资源丰富，有煤、铁、铌、稀土矿等七十多种。

黄土高原

　　黄土高原是世界上最大的黄土沉积区，地跨山西省、陕西省、甘肃省、青海省、宁夏回族自治区及河南省，面积约三十万平方千米。按地形差别分陇中高原、陕北高原、山西高原和豫西山地等地区。

　　从东南向西北，气候依次为暖温带半湿润气候、半干旱气候和干旱气候。植被依次出现森林草原、草原和风沙草原。土壤依次为褐土、垆土、黄绵土和灰钙土。山地土壤和植被地带性分布也十分明显。黄土颗粒细，土质松软，富含可溶性矿物质养分，利于耕作，盆地和河谷农业历史悠久。黄土高原是中华民族古代文明的摇篮。

平　原

　　平原一般是指陆地上海拔高度相对比较低的地区，多指广阔而平坦的陆地。它的主要特点是地势低平，起伏和缓，相对高度一般不超过 50 米，坡度在 5° 以下。它以较低的海拔区别于高原，以较小的起伏区别于丘陵。平原是陆地上最平坦的地域，海拔一般在 200 米以下。

华北平原是中国第二大平原，位于黄河下游。

盆地

盆地，顾名思义，也就是整体地形犹如一个盆子。所以，人们就把四周高（山地或高原）、中部低（平原或丘陵）的盆状地形称为盆地。地球上最大的盆地在东非大陆中部，称为刚果盆地，面积约相当于加拿大的 1/3。而我国则有塔里木盆地、准噶尔盆地、柴达木盆地和四川盆地四大盆地。

塔里木盆地

"塔里木"是维吾尔语，意为"田地""种田"。塔里木盆地位于新疆维吾尔自治区南部，天山和昆仑山、阿尔金山之间。它西起帕米尔高原，东至甘、新边境，东西长 1400 千米，南北宽约五百二十千米，面积达四十多万平方千米，是中国四大盆地中最大的。塔里木河横贯其北部，盆地深处内陆，气候干燥，年较差和日较差较大；山麓边缘为砾石戈壁，塔里木河以南的中部为广大沙漠（塔克拉玛干沙漠、白龙堆沙漠）及盐湖；边缘和沙漠间是冲积扇和冲积平原，并有绿洲分布。

准噶尔盆地

准噶尔盆地是我国第二大盆地，位于新疆维吾尔自治区北部，天山、阿尔泰山及西部诸山间，呈不等边三角形。准噶尔盆地东西长约七百千米，南北最宽处约四百五十千米，面积约三十八万平方千米。海拔 500～1000 米，东高西低。盆地边缘为山麓绿洲，中部

为广阔草原和古尔班通古特沙漠。玛纳斯、乌伦古等内陆河多流入盆地，潴为湖泊。盆地牧场广阔，山麓绿洲带盛产棉花、小麦等农作物。

准噶尔盆地内蕴藏着丰富的石油、煤和各种金属矿藏，盆地西部的克拉玛依是中国较大的油田，北部的阿尔泰山区盛产黄金。

柴达木盆地

柴达木盆地位于中国青海省西北部，其东西长 800 千米，南北宽 350 千米，面积约二十万平方千米，平均海拔在 2600～3100 米之间，是中国海拔最高的盆地，属于高原型盆地。这里的盆地四周高山环绕，南面是昆仑山脉，北面是祁连山脉，西北是阿尔金山脉，东为日月山，属于封闭的内陆盆地。气候属干旱大陆性气候，降水稀少、风力强劲，多风沙地貌；水系稀疏，河流短小，以高山冰雪融水补给为主；植被稀疏，以超旱生及旱生灌木和半灌木为主，适于放牧骆驼。地形结构从边缘至中心，依次为戈壁、丘陵、平原、湖泊。东部为大片盐湖，蒙古语"柴达木"即"盐泽"之意。主要有察尔汗盐湖、茶卡盐湖、柯柯盐湖、昆特依盐湖等，盐层最厚处可达 60 米。盆地中，铅、锌、铬、锰等金属及煤炭、石油、石棉等资源丰富。东部和东南部河湖冲积平原宜农地面积大，农业高产，畜牧业发达，有"聚宝盆"之称。

四川盆地

四川盆地位于中国四川省东部和重庆市西部，是我国著名的红层盆地（多紫红色砂页岩，故有"赤色盆地""红色盆地"之称），也是我国各大盆地中形态最典型的盆地，面积为16.5万平方千米。长江把它和东海连接在一起，是中国最大的外流盆地。

盆地中土壤疏松、肥沃，灌溉便利，农业发达，产水稻、小麦、玉米、棉花、甘蔗、蚕丝、茶叶、油菜、药材和水果。盆地富含煤、铁、盐、天然气和石油等矿藏。

盆地气候温暖湿润，水陆交通便利，除公路网外，还有成渝、成昆、宝成、襄渝、渝黔等铁路干线和以川江为主的水运网。

山 地

中国是一个多山之国，较大的山脉有二百一十多条。它们常常是一些江河的发源地和分水岭，是地理上的重要界线。它们的分布按其排列和走向可归纳为五个大体系：东西走向、东北—走向、西北—东南走向、南北走向，还有弧形山系。其中，东西走向的山脉有三列（主要包括五条山脉）：北列为天山—阴山—燕山山脉，是中国北方最长的东西走向山系；中列为昆仑山—秦岭；南列为南岭。

东北—西南走向的山脉多分布在中国东部，有三列（主要包括七条山脉）：西列为大兴安岭—太行山—巫山—雪峰山；中列为长白山—武夷山；东列为台湾山脉。西北—东南走向的山脉主要分布在中国西部，著名山脉有阿尔泰山和祁连山。南北走向的山脉分布在西南和西北，分别是横断山脉和贺兰山脉。弧形山系由几条并列的山脉组成，基本上由东西走向转为南北走向，与横断山脉相接。

地球陆地的表面，有许多蜿蜒起伏、巍峨奇特的群山。山由山顶、山坡和山麓三个部分组成。这些群山层峦叠嶂，群居一起，形成了山地大家族。

丘 陵

中国丘陵一般广泛分布在东部地区。自北而南，有辽东丘陵、山东丘陵、东南丘陵等。这些丘陵海拔在 200～500 米，很多已改造为梯田、果园，或栽种经济林木。在东部丘陵区也有少数海拔超过1000 米的、挺拔峻峭的山峰耸立在平原、低丘之上，如山东泰山、安徽黄山、江西庐山等。两广丘陵属石灰岩地区，广西境内的漓江两岸，峰林奇异、江水清碧，是著名的"桂林山水"风景区，这些地区都属于丘陵地貌区。

中国水系简介

国地域广阔，地理环境复杂多样，雪山众多，雨量充沛，河流经久不息地流淌为航运发展提供了必要条件。水系的形式有扇形、羽毛状、平行状和辐射状等。

河流

河流是陆地表面上经常或间歇有水流动的线形天然水道。河流在我国的称谓很多，较大的称江、河、川、水，较小的称溪、涧、沟等。藏语称"藏布"，蒙古语称"郭勒"。每条河流都有河源和河口。河源是指河流的发源地，有的是泉水，有的则是湖泊、沼泽或是冰川，各河河源情况不尽一样。

中国境内的河流，仅流域面积在 1000 平方千米以上的就有 1500 多条。

长江

长江是中国第一大河，发源于青海省西南边境唐古拉山脉各拉丹冬雪山，在囊极巴陇纳当曲后称通天河（按流域面积和水量，一说当曲为正源）；南流到玉树县巴塘河口以下至四川省宜宾市间称金沙江；宜宾以下始称长江。长江流经西藏、四川、云南、重庆、湖北、湖南、江西、安徽、江苏等 11 个省、市、自治区，在上海市入东海，长江全长 6300 千米，流域面积 180.85 万平方千米，有雅砻江、岷

江、沱江、嘉陵江、乌江、湘江、汉江、赣江、青弋江和黄浦江等支流。湖北省宜昌市以上为上游，水急滩多，有著名的三峡；宜昌至江西省湖口间为中游，曲流发达，多湖泊（鄱阳、洞庭两湖最大）；湖口以下为下游，江宽水深，江口有崇明岛，万吨轮船可由海上经长江到达武汉，此处有黄金水道之称。沿江重要城市有重庆、武汉、南京、上海等。这里还有扬子鳄、白鳍豚、中华鲟等珍稀动物和鱼类。

黄 河

　　黄河是中国第二大河，也是世界上含沙量最大的河流。上源马曲（约古宗列渠）出青海省巴颜喀拉山脉雅拉达泽山麓；卡日曲出各姿各雅山麓，在鄂陵附近相汇，东流经四川、甘肃、宁夏、内蒙古、陕西、山西、河南等省区，在山东省北部入渤海。黄河全长5464千米，流域面积75.24万平方千米。其支流有洮河、湟水、无定河、汾河、渭河、洛河、沁河等。内蒙古自治区托克托县河口镇以上为上游，流经高原峡谷，水流较清；河口镇至河南省郑州桃花峪为中游，穿行黄土高原，含沙量增大，水色浑黄；桃花峪以下为下游，流入华北平原，水流缓慢，泥沙淤积，两岸筑有大堤，成为高出于地面的"地上河"。黄河旧时经常泛滥成灾，历史上较大改道就有26次。新中国成立后，在上中游进行水土保持，并兴建三门峡、青铜峡、刘家峡、龙羊峡、李家峡、小浪底等水利工程；在下游修固堤岸，进行各项综合治理。

大运河

京杭运河是世界上开凿最早、水道最长的水利工程，又称大运河。它北起北京市，南抵浙江省杭州市，流经天津、河北、山东、江苏和浙江，沟通海河、黄河、淮河、长江和钱塘江五大水系，全长1747千米。

京杭运河全程共分7段，从北到南依次为：①通惠河（北京城区—通州）；②北运河（通州—天津）；③南运河（天津—临清）；④鲁运河（临清—台儿庄）；⑤中运河（台儿庄—淮阴）；⑥里运河（淮阴—扬州）；⑦江南运河（镇江—杭州）。从春秋战国时代起，运河就对中国的政治、经济、文化的发展发挥了巨大的作用。在"南水北调"工程中，就利用运河为输水路线，引长江水由运河输送到华北的缺水地区，以缓解该地区供水的压力。

湖　泊

中国河流众多，湖泊密布，天然湖泊约有两万四千个，面积在1平方千米以上的天然湖泊达两千八百多个，1000平方千米以上的大湖有13个，总面积约八万平方千米。我国东部多淡水湖，面积为3.6万平方千米，占总面积的45%左右。中国著名的五大淡水湖是

鄱阳湖、洞庭湖、洪泽湖、太湖、巢湖。鄱阳湖是中国第一大淡水湖，位于江西省，面积2933平方千米；洞庭湖是中国第二大淡水湖，位于湖南省，面积2432.5平方千米；太湖位于江苏省，面积2425平方千米；洪泽湖位于江苏省，

面积 1577 平方千米；巢湖位于安徽省，面积 769.5 平方千米。中国西部多咸水湖，著名的有青海湖等，青海湖区是世界上海拔最高的湖区。中国最深的湖泊是位于长白山主峰的天池，湖水水深可达373 米。

中国的湖泊绝大部分属中、小型湖泊，分布范围广而不均匀，主要分布在长江中下游平原和青藏高原、内蒙古高原、云贵高原。柴达木盆地和准噶尔盆地湖泊分布也较多，但长江上游、珠江流域和浙闽丘陵等地区湖泊却寥寥无几。

沼　泽

中国的沼泽主要分布在东北的三江平原、大兴安岭、小兴安岭和长白山地区，其次分布在青藏高原、云贵高原、天山山麓与阿尔泰山区及各地的河滩、湖滨、海滨一带，总面积达 11.3 万平方千米。

沼泽是一种特殊的自然综合体。中国有很多泥炭积累的沼泽地。按有无泥炭积累，可划分为泥炭沼泽和潜育沼泽两大类。目前，中国的沼泽大部分处于富营养发育阶段，贫营养沼泽很少，而且处于地势低平、丰水地段。

冰　川

中国是世界上中低纬度现代冰川分布最广的国家，冰川分布地域辽阔，大致分布于四川雪宝顶以西至帕米尔，云南玉龙雪山以北至阿尔泰山之间的广大高山高原地区。冰川分布跨越新疆、西藏、甘肃、青海、四川和云南 6 个省区，纵横 2500 千米，冰川总面积 58651 平方千米，占亚洲冰川总面积的 40%。中国的冰川都是山岳冰川，包括有悬冰川、冰斗冰川、山谷冰川、平顶冰川。

中国冰川的活动层温度较低，冰川流动缓慢。10 千米以下的冰川表面每年平均流速不超过 30 米，比世界其他同纬度山地冰川流速低得多。但是西藏东南部的山地冰川属季风海洋性气候，因此流速较快，高出其他冰川数倍。由于气候不断变暖，20 世纪 50 年代以来，大多数冰川处于强烈退缩的状态。

海 岸

中国濒临西北太平洋，大陆海岸线自鸭绿江口至北仑河口，长达 1.8 万多千米，再加上五千多座大小岛屿的海岸线，总长三万两千多千米，从海南岛至黑龙江省漠河。中国的海岸可分为三种类型：平原海岸、山地丘陵海岸和生物海岸。平原海岸还可分为三角洲与三角湾海岸、粉砂淤泥质平原海岸及砂质或砾质平原海岸等三类；山地丘陵海岸可分为侵蚀基岩海岸和堆积基岩砂砾质海岸；生物海岸分为珊瑚礁海岸和红树林海岸两类。中国的南海诸岛和澎湖列岛就是珊瑚礁海岸；而红树林海岸主要分布在广东、广西、海南三省沿岸，尤其以海南岛的红树林最为茂盛，是中国最大的一片红树林保护区。

中国气候简介

国地域跨纬度较大，因此有大陆性季风气候显著和气候复杂多样这两大显著特征，同时冬季盛行偏北风，夏季盛行偏南风，四季分明，雨热同期。

大陆性季风气候

大陆性季风气候是中国的典型气候，它有三个主要特征：其一，气温年较差和日较差较大，冬夏极端气温较差更大。其二，降水分布很不均匀，主要表现在年降水量自东南向西北逐渐减少，相差悬殊。在季

节分配上，冬季降水少，夏季降水多，且年际变化很大。其三，冬夏风向更替十分明显。冬季，多为偏北风，寒冷干燥。每逢冬季，中国东部地区比同纬度的世界各地气温都低。夏季，风主要来自海洋，多偏南风，湿润温暖。而且雨季的规律性明显：雨季来临的时间南方要早于北方，东部要早于西部；雨季结束时间刚好相反，北方早、南方迟，西部早、东部迟。

气 温

中国南部处于亚热带地区，北部属寒温带，东部临海，西部深居内陆，东西南北气温相差十分悬殊。在高度变化较大的地区，年均温差也很大，形成垂直气候带。1月份南方海南岛平均气温20℃，

而北方漠河达－30℃以下，温差极大；夏季时太阳直射点北移，北方日照时间长，夏季风从海洋吹向陆地，南北方温差较小。

降　水

　　中国各地雨热同季，降水变化较大。中国降水的方式有锋面雨、台风雨、地形雨和对流雨，其中以锋面雨为主。中国年降雨量从西北向东南逐渐增加，起于东北地区大兴安岭，止于西南与不丹边境的500毫米等降雨量线，大致把中国分为西北和东南两半。西北内陆与海洋相隔遥远，加上重重山岭阻隔，成为中国雨量最少的地方。塔里木盆地、柴达木盆地边缘的降水主要来源是夏季风。夏季风的活动规律、异常变化等都会对中国的降水产生深刻的影响，夏季风在时间和空间分布上不均匀，会形成降水的三大特点：①降水量的地区分布不均，从东南沿海向西北内陆逐渐递减；②降水量的季节分布不均。降水主要集中于5月—10月；③降水量的年际变化不均，自东南向西北逐渐增大。中国的降水量分布不均和年际变化不均是造成旱涝灾害频繁的直接因素。许多地区年降雨量均在20毫米以下，沙漠地区甚至终年没有降雨。

台　风

　　台风是发生在热带海洋上强烈的大气涡旋。中国南海北部、台湾海峡、台湾省及其东部沿海、东海西部和黄海均为台风通过的高频区。在中国登陆的台风有季节性特点，台风的强度随季节变化而有所差异。台风有其益于农业生产的一面，可解除干旱或缓和旱象，但是也带来了狂风、暴雨和巨浪，常给海上运输、渔业和沿岸人民的生产生活造成危害。中国各省、市、自治区除新疆外，均直接或间接受到台风影响而产生暴雨。台风降雨是影响中国降水系统的重要因素之一。

梅 雨

梅雨是春末夏初出现在中国长江、淮河流域的连绵阴雨天气。因空气潮湿，衣物容易发霉，又时值梅子成熟，故称梅雨，又称霉雨和黄梅雨。由于各年冷暖气流的强弱和进退迟早不同，会使梅雨期出现早晚、长短和雨量的多寡等变化。梅雨适时适量有利于农作物的生长，若雨期过长或过短，雨量过多或过少，则会引起旱涝灾害。

中国古代关于梅雨的记载很多，如庾信诗："五月炎气蒸，三时刻漏长，麦随风里熟，梅逐雨中黄。"明李时珍《本草纲目》："梅雨或作霉雨，言其沾衣及物，皆生黑霉也。"

中国自然资源简介

自然资源存在于自然界，是人类赖以生存的重要基础。中国虽然资源丰富，但人均占有量却很少，所以我们要合理利用资源并让其发挥出最大价值。

土地资源

中国现有耕地130万平方千米。东北平原、华北平原、长江中下游平原、珠江三角洲和四川盆地是耕地分布最为集中的地区。

森林资源

中国的森林面积较少，为159万平方千米。东北地区的大兴安岭、小兴安岭和长白山区是中国最大的天然林区，其次为西南天然林区，云南省南部的西双版纳是中国少有的热带阔叶林区，有"植物王国"之称。

中国的草地面积约四百万平方千米。在从东北到西南绵延三千多千米的广阔草原上，分布着多个畜牧业基地。

水资源

中国是一个多河流、湖泊的国家，河川径流总量为27115亿立方米，地下水资源量为 8288 亿立方米，扣除因地表水与地下水互相转化而产生的重复水量后，全国的水资源总量为 28124 亿立方米。中国水资源的分布情况是南多北少，东多西少，空间分布不均。70%的水资源分布在西南 4 省市和西藏自治区，其中以长江水系为最多，其次为雅鲁藏布江水系。黄河水系和珠江水系也有较大的水源蕴藏量。

植物资源

中国幅员辽阔，地形复杂，植被种类丰富，有高等植物 3.28 万种，分布错综复杂。在东部季风区，有热带雨林、热带季风雨林、南亚热带常绿阔叶林、北亚热带落叶阔叶常绿阔叶混交林、温带落叶阔叶林、寒温带针叶林，以及亚高山针叶林、温带森林草原等植被类型。在西北部和青藏高原地区，有半干旱草原、干旱草原、半荒漠草原灌丛、干荒漠草原灌丛、高原寒漠、高山草原草甸灌丛等植被类型。植物种类繁多，据统计，中国境内有种子植物 300 个科、2980 个属、24600 个种，其中被子植物 2946 属。比较古老的植物约占世界总属的 62%。有些植物如水杉、银杏等，在世界其他地区现在已经灭绝，都是仅存于中国的"活化石"。种子植物兼有寒、温、热三带的植物，种类比全欧洲还多。

动物资源

我国大约有脊椎动物 6266 种，其中兽类约五百种，鸟类 1258

种，爬行类 376 种，两栖类 284 种，鱼类 3862 种，约占世界脊椎动物种类的 10%。此外，我国已定名的昆虫有三千多种。由于我国大部分地区未受到第三纪和第四纪大陆冰川的影响，因而保存有大量的特有物种。据统计，有 476 种陆栖脊椎动物为我国所特有，占我国陆栖脊椎动物种类总数的 19.42%，其中约有 2/3 的两栖类为特有物种。在三万多种高等植物中，约 50%~60% 为我国所特有。大熊猫、金丝猴、朱鹮、华南虎、藏羚羊、褐马鸡、绿尾虹雉、白鳍豚、扬子鳄等均为我国特有的珍稀濒危野生动物。

自然保护区

中国目前的自然保护区呈大分散、小集中的局面，大部分分布于东部地区，南亚热带和中亚热带也是主要分布区，温带的保护区多分布于东北三省境内，并且偏居东部山地。热带的保护区在中国面积不大，主要集中于海南和云南两省。

以保护完整的综合自然生态系统为目的的自然保护区主要分为以下几种类型：以保护温带山地生态系统及自然景观为主的自然保护区，如长白山自然保护区；以保护某些珍贵动物资源为主的自然保护区，如卧龙自然保护区；以保护自然风景为主的自然保护区和国家公园，如九寨沟自然保护区；以保护特有的地质剖面及特殊地貌类型为主的自然保护区，如以保护近期火山遗迹和自然景观为主的黑龙江五大连池国家级自然保护区等；以保护沿海自然环境及自然资源为主要目的的自然保护区，主要有海南省的东寨港自然保护区和清澜港自然保护区等。

东北地区

DONG BEI DI QU

黑龙江省

黑龙江省气候夏暖冬寒，冰期长达 5~6 个月，为中国冬季最长、气温最低的省份，其省会为哈尔滨市。年降水量 400~650 毫米，夏季温暖多雨，日照时间长，适于农作物的生长。独特的气候造就了独特的旅游资源。

亚布力滑雪场

亚布力滑雪旅游度假区地处哈尔滨市以东 193.8 千米，距离牡丹江市 120 千米处。亚布力原名亚布洛尼，即俄语"果木园"之意。清朝时期曾是皇室和贵族的狩猎围场。亚布力雪山山高林密，海拔高度为 1374 米，年平均气温 2℃~10℃。冬季山下积雪深度为 30~50 厘米，是国内最大、条件最好的滑雪场地。

亚布力滑雪场的设施非常完善，有初、中、高级滑雪道共 11 条，它还拥有亚洲最长的高山滑雪道。滑雪场内还有长达 5 千米的环形越野雪道及雪地摩托、雪橇专用道，并设有 3 条吊椅索道、3 条拖牵索道及 1 条提把式索道。雪场还拥有多台造雪机、压雪机、雪

上摩托车等现代滑雪场机械
设备；雪道设有多条吊椅式
和牵引索道，滑雪者可以在
任何一处乘索道到达场内的
任意角落。

五大连池

五大连池在哈尔滨市以北 410 千米的五大连池市，是我国重点
风景名胜区和重点自然保护区。因火山喷发，熔岩堵塞白河河道，
形成了五个相连的火山堰塞湖，故命名为五大连池。周围有 14 座休
眠火山，大面积石龙熔岩，形成五大连池火山群，是我国火山群分
布最集中、原始地貌保存最完好、地质现象最齐全的火山群自然保
护区，有"火山博物馆"之称。名胜区总面积达六百多平方千米，
主要景观是五大连池、火山群和药泉山公园。

五大连池的铁硅质重碳酸钙镁型的矿泉水蜚声中外，在世界上
享有"神泉""圣水"的美誉，
它和俄罗斯北高加索的矿泉、
法国的维希矿泉并称为"世界
三大冷泉"，在民间已有上千年
的医用、饮疗和洗疗历史，对
康复疗养和人类的健康长寿具
有神奇的功效，因此备受人们
的赞誉，这颗北国明珠，无论
春夏秋冬都魅力无穷，让人
迷醉。

地下森林

地下森林又称"火山口森林"，位于宁安市沙兰乡境内，镜泊湖
西北 45 千米处。这里由于喷出的岩浆冷却和收缩，火山顶部随之塌
落，形成了内壁陡峭的多处火山口。火山口内的土质、湿度非常适

合植物生长，在众多个火山口中，有 7 个火山口内已长出茂密的原始森林，树龄多在 600 年以上，有红松、紫椴、水曲柳等珍贵树种。密林丛生于地下，形成罕见的"地下森林"奇观。

地下森林中还有着丰富的动物资源。游人拾级而下时，常常会看见鸟在林间飞行、蛇类缓缓爬过、兔子在树林中跳跃，一片生机盎然。科学家们考察后发现，这里不仅生活着许多小动物，而且还是马鹿、野猪、黑熊等大型动物生存的家园，甚至还有世所罕见的国家保护动物青羊出没，堪称"地下动物园"。

吊水楼瀑布

吊水楼瀑布位于黑龙江省东南部的宁安市境内，牡丹江上游镜泊湖出口处，是我国著名的瀑布之一。大约一万年前，张广才岭火山喷发，流出的岩浆把牡丹江拦腰切断，使水位提高，形成了镜泊湖和吊水楼瀑布。瀑布落差 25 米，宽 40 米，湖水由陡壁轰然而下，浪花飞溅，水雾漫天，在阳光下形成美丽彩虹。瀑底由于激流常年冲击，形成了一个深数十米的深潭。由于流水落差大，水流急，瀑布发出雷鸣般的轰响，距瀑布 1000 米外就能听到响声。幽深神秘，置身观瀑亭，可尽览瀑布雄姿。

吊水楼瀑布下方的水潭深 60 米，人称"黑龙潭"。每逢雨季或汛期，水声如雷，激流呼啸飞泻，水石相击，白流滔滔，水雾蒸腾

瀑布两侧悬崖巍峨陡峭，怪岩峥嵘。瀑布飞泻溅起的"飞烟"，其壮观之景惹人注目。

形成绚烂缤纷的彩虹。它形状十分像加拿大的尼亚加拉大瀑布，是世界最大的玄武岩瀑布。

渤海龙泉府遗址

渤海国上京龙泉府故城遗址位于宁安市渤海镇。上京城的建制和规模完全按照唐都长安城的建筑样式兴建。分为外城、内城和宫城（紫禁城）三部分。在宫城东侧有禁苑遗址，其南有一个池塘，近两万平方米。人工砌成的假山以及一些楼台殿阁建筑的遗址分布在池塘东西两侧，建筑材料多用石料和砖瓦，有宝相花纹砖、文字瓦、莲花瓦当、各种釉瓦等。上京龙泉府在我国古代建筑史上也小有名气，为全国重点文物保护单位。

此外，考古学家们在渤海都城遗址内外还发掘出若干处佛寺，其规模都比较大。如东城西起第一列北数第二坊西部寺院遗址佛殿，这座佛殿由主殿、穿廊和东西二室共三部分组成，三者的台基连为一体。主殿东西长约 23.68 米、南北宽约 20 米。东西室为方形，台基每边为 9.23 米。佛寺面积占据了半个坊区，且数量较多，反映出佛教在当时的渤海国国内十分盛行。

吉林省

吉林省因其以省会最初设在吉林市而得名，后来将省会改为长春市。该省平原和河谷地区农业发达，是中国重要的商品粮基地。山区除木材外，以人参、貂皮和鹿茸等特产最为著名，并产东北虎、梅花鹿、紫貂、麝等珍贵动物。

净月潭

净月潭在长春市区东南 12 千米处，景区面积一百五十多平方千米，有 119 个山头起伏环列，层峦叠翠，林海茫茫，山花烂漫。一潭面积 4.3 平方千米的碧水似一块晶莹的宝石，镶嵌在万绿丛中，湖岸曲折多变，山林倩影倒映在如明镜的湖水之中，宛若一幅漫无边际的泼墨画卷。每当月夜，月上树梢头，银盘入潭中，环境是那么幽静淡雅，清风徐徐，含情脉脉，人们如置身于月宫仙境。净月潭也由此而得名。

占地万米的净月潭沙滩浴场是全省最大的人工沙滩浴场，娇阳细沙，帐篷木屋，乘船嬉水，沙滩排球，游人在这里可感受到浪漫的海岸风情。充足的阳光，清新的来风，松软的细沙使人心中的惬意油然而生。游人也可小憩于韩式帐篷，品尝美味的净月鱼宴，这

里的一切都使人流连忘返，乐不思蜀。

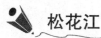 松花江

松花江发源于长白山天池，浩浩荡荡的江水一泻千里，流过茫茫的黑土地，养育了生活在这里的东北各族人民。松花江造就了东北古代灿烂的文明，辽、金、清诸王朝都发迹于此，耶律阿保机的善战，完颜阿骨打的骁勇，努尔哈赤的英勇与剽悍，都让后人想到这片白山黑水的苍茫。冬季的松花江，气候严寒，温度有时候会降至 −30℃，结冰期长达 5 个月，有时夹带着暖流的江水，会不断冒起团团蒸汽，凝结在岸边的柳丝、松枝上，形成"树挂"奇观。

松花江流域土地十分肥沃，盛产大豆、玉米、高粱、小麦。此外，亚麻、棉花、苹果和甜菜的品质也十分优良。松花江还是中国东北部的一个大型淡水鱼场，每年为人们供应的鲤、鲫、鳇、哲罗鱼等，达四千万公斤以上。因此，松花江虽然是黑龙江的支流，但对我国东北的工农业生产、内河航运、人民生活等方面的经济和社会意义都超过了黑龙江和东北其他河流。

松花湖

松花湖在吉林市区东南 24 千米的松花江上，是丰满水电站截流大坝拦截江水而形成的人工湖。湖面最长处 200 千米，最宽处 10 千

米，最深处七十多米，面积 425 平方千米，盛产白鱼、鲤鱼和鲫鱼。湖水清洁明净，碧波万顷，湖岸曲折蜿蜒，峡谷幽深，四周层峦叠嶂，青峰如黛。泛舟湖上，只见四面群山环绕，湖上帆影点点，湖光山色，景色迷人。

松花湖风景区分为十个相对独立的景区。游人从松花湖丰满码头向湖区走，会经过骆驼峰、凤舞池、五虎岛、卧龙潭、石龙壁、摩天岭、额赫岛等著名旅游区。有的景区已经开发，有的景区正在开发，有的景区还保留其原始风貌。松花湖以其得天独厚的地理位置、四季分明的气候条件、明媚秀丽的湖光山色吸引了大批国内外的游客。

长白山

长白山风景名胜区坐落在吉林东北部安图、长白、抚松三县的交界处，与朝鲜相邻。该风景区由长白山自然保护区、天池、圆池、长白山温泉群等景区组成。景区里有丰富的自然资源，还是"东北三宝"即人参、鹿茸、貂皮的主要产地。此外，景区里还生活着长白虎（东北虎）、梅花鹿、黑熊、白天鹅等珍禽异兽，是一个闻名中外的风景名胜区。天池是长白山风光最优美的地方。它是东北地区最高的高山湖，原是一个已封闭的火山口。天池多雾的环境使得这里一年难得有几天晴朗的天气。在天池的四周，还耸立着 16 座千姿百态的山峰，构成了绮丽的自然风光。

长白山火山口湖的周围，群峰屹立，其中超过 2500 米的山峰就多达 16 座，其他山峰高度均在 2300 米以上。这些山峰陡峭嵯峨，挺拔峻秀，如莲花、似竹笋，蔚为壮观，与天池碧水交相辉映，美不胜收。

长白山是关东第一山。因其主峰有众多白色浮石与积雪而得名，自古就有"千年积雪为年松，直上人间第一峰"的美誉。中国境内的白云峰海拔高度为 2691 米，是东北第一高峰，而长白山的最高峰是位于朝鲜境内的将军峰。长白山还有一个美好的寓意即"长相守、到白头"。

辽宁省

辽宁省的省会为沈阳市，该省由于自然资源丰富和濒海的缘故，成为我国重要的重工业基地，而且这里沿海渔盐业和海运非常发达，所以吸引了大批游人前来观光旅游，致使旅游业极为兴盛。

 ## 沈阳故宫

沈阳故宫在沈阳市旧城中心，是我国现存的仅次于北京故宫的最完整的皇宫建筑，具有很高的建筑艺术水平和浓厚的民族风情。它占地4.6万平方米，四周有高大的宫墙，是由十几个院落、三百多间房屋组成的建筑群，宫殿气势恢弘，金碧辉煌，全部建筑可分为三大部分。东路主体建筑是大政殿，是大臣办事的地方。中路主体建筑为崇政殿，俗称金銮殿，是皇帝临朝听政的地方。西路以文溯阁为中心，是皇室读书、娱乐的场所，主要建筑有文溯阁、戏台、嘉荫堂、仰熙斋等。整座皇宫楼阁高耸，殿宇轩昂，雕梁画栋，富丽堂皇，充分体现了我国古代建筑艺术的独特风格。

沈阳故宫不仅是著名的旅游胜地，更以其丰富的院藏文物珍宝而享誉国内外。其中，尤以明清宫廷文物弥足珍贵。院藏文物珍宝展集故宫院藏珐琅器、书画、雕刻品、瓷器等门类藏

品之精萃，这些文物体现出清代宫廷的艺术风格和中国劳动人民高超的工艺水准，具有重要的观赏价值和研究价值。游人来到这里仿佛步入艺术圣殿一般。

东陵（福陵）

　　东陵又称福陵，是清太祖努尔哈赤和皇后叶赫那拉氏的陵寝，为清朝关外三陵（福陵、昭陵、永陵）之一。在沈阳东北 11 千米处的天柱山麓，前临浑河，后依天柱山，颇具帝王之气。陵园占地 19.5 万平方米，四周建有围墙。南面正中为正红门，两侧有下马石、石狮、华表石牌坊等。登上 108 级石阶，可近观康熙帝亲撰的"大清福陵神功圣德碑"的碑楼。往北是城堡式方城，这是陵寝的主体，由隆恩门、明楼、角楼、隆恩殿等组成。方城后的月牙宝城下，埋葬着努尔哈赤和叶赫那拉氏。

　　东陵始建于后金天聪三年（1629 年），于清顺治八年（1651年）完工，康熙、乾隆两帝时有增建，才形成今天的规模。东陵面傍浑河，背依天柱山，是一块风水宝地，山环水绕，草深林密，景色十分秀美，时常能看见小动物出没其中。传说东陵有松树三万棵，现在已经只剩一千六百多棵，但身在树海之中仍可感受到它肃穆、蓬勃的气势。

兴城海滨

　　兴城海滨位于辽宁省西南部。这里有完整的明代古城，瑞气升腾的温泉，挺拔秀美的首山，烟波浩瀚的大海，桃源仙境般的菊花岛——这就是位于辽宁省兴城市的兴城海滨风景区。景区集城、泉、山、海、岛于一地，景观相映成趣，风光秀美，素有"第二北戴河"之称。

　　兴城温泉驰名全国，泉水储量丰富，水质优良，有极高的医疗价值。兴城海滨内有四个海滨浴场，海岸线长14千米，是我国北方最大的天然浴场，浴场内无明石暗礁，沙质细致，晶莹如玉；海水深浅适宜，潮稳波平；海岸开阔平坦，绿树摇曳，被称为"中国的西雅图"。

　　兴城海滨是我国北方最大的天然浴场。当游人步入兴城海滨的兴海湾，会看到入口处一尊用花岗岩雕琢的高大的菊花女塑像正额首相迎。兴海湾南端有"三礁揽胜"，在起伏绵亘的三座盘踞海中的明礁上，各建有一座造型幽雅的观海亭，各亭之间由栈桥相连，桥上游人络绎不绝，或登亭观潮听浪，或蹲礁静心垂钓，或依亭背海摄影，真可谓各得其乐。

千 山

　　千山平均海拔400米，占地面积为44平方千米，是辽宁省著名的风景旅游胜地。千山的名称来源有几种说法，一种说法是千山山峰共有999个，取其整数，叫千山。另一种说法是千山的怪石奇岩似千朵莲花含苞欲放，所以千山又叫千朵莲花山。龙泉寺位于千山北沟中部，东距无量观约一千五百米，西距南泉庵也是1.5千米，

是千山五大禅林之一，也是其中现存最大的佛寺。

千山素有"东北明珠"之称，千山一年四季景色各异：春天梨花遍谷，山花满壑；夏天重峦叠翠，郁郁葱葱；秋天漫山红叶，落霞飞虹；冬天银装素裹，雪浪连绵。给人以和谐、优美的感觉。

双台河口国家级自然保护区

双台河口国家级自然保护区位于辽宁省盘锦市境内，是目前世界上保存最好、面积最大、植被类型最完整的生态地区。这里主要保护丹顶鹤、黑嘴鸥等世界珍稀濒危水禽及双台河口湿地生态环境，是综合性自然保护区。这里除具有极高的观赏价值和重要的科研价值外，还是陆地水入海前的一个天然蓄洪水库，是宝贵的物种基因库。

保护区内大面积的芦苇沼泽湿地和丰富的生物资源，为许多鸟类的栖息繁衍创造了良好的自然条件。每年经此迁飞、停歇的鸟有丹顶鹤、白鹤、白鹳、金雕、蓑羽鹤、大天鹅、白额雁、黄嘴白鹭等二十余种。这里还是世界上濒危鸟类——黑嘴鸥最大的繁殖地。每年早春二月，会有百余只太平洋斑海豹长途跋涉而来，到了五月，它们又拉家带口地返回到大洋里去。这些美丽的生灵吸引了无数游人到此游览。

西北地区

XIBEI DIQU

陕西省

陕西省位于黄河岸边，是华夏文明的摇篮，古老的文化在这里历代传承，其省会西安市更有着丰富的历史底蕴。它像一位风尘仆仆的老人，带着历史的沧桑，沿着古丝绸之路，渐行渐近，抖落一身的尘土，精神依然矍铄……

鼓 楼

鼓楼位于西安市区内，始建于明洪武十三年（1380 年），清康熙十三年（1674 年）和乾隆五年（1740 年）先后重修。楼为九楹三层，歇山式屋顶。其基座宽 52.6 米、高 8.7 米；门洞宽、高各 6 米、深 38 米；楼高 24.3 米，通高 33 米。北悬"声闻于天"四字匾额，南悬"文武盛地"四字匾额。

钟 楼

钟楼位于鼓楼东边。明洪武十七年（1384 年）初建于今广济街口，万历十年（1582 年）迁

都于现址。楼的建筑重檐窝拱，攒顶转角，共有三层。楼基面积达1377 平方米，可通往四大街且各有门洞。座基四面各宽 35.5 米、高8.6 米。楼高 27.4 米，自地面通高 36 米。钟楼曾遭破坏，后进行大规模整修，加固楼基、楼梯和梁柱，重新粉刷彩绘，使之恢复了原来的面貌和气派。登楼四望，可鸟瞰西安古城市容。

秦始皇陵

秦始皇陵位于西安市东约 35 千米处，南傍骊山，北临渭水，是世界上规模最大的陵墓。

现经考古查证，陵寝的形制分为内外两城，原坟墓上高一百多米的夯土陵丘，经两千多年风雨侵袭，现尚存高 76 米、底为 485米×515 米的夯土遗迹。陵墓内城为方形，周长3840米，外城周长6210米，墓地面积达 22 万平方米，全部陵园面积为 56.25 万平方米。陵园里有大规模的宫殿楼阁建筑，规模之大远远超过埃及金字塔。

由于陵墓尚未发掘，墓内实况至今还是一个谜。近年，据中国考古界透露，秦始皇长眠的宫殿仍然完好地保存于地下。

华　山

西岳华山位于陕西西安以东 120 千米的华阴市，华山以险著称，长达 12 千米的山路蜿蜒曲折，到处都是悬崖绝壁，有"自古华山一条道"之说。华山东峰（朝阳）、西峰（莲花）、南峰（落雁）、中峰（玉女）和北峰（云台）五峰景色秀美，为主要风景区。华山的名胜古迹也很多，庙宇道观、亭台楼阁、雕像石刻随处可见。

宁夏回族自治区

宁夏回族自治区简称"宁"，省会为银川市。在那座座群峰间，沉寂的古文明遗址随着探险者的脚步向我们走来，文化的传承激荡着今人的心扉……

拜寺口双塔

拜寺口双塔位于宁夏回族自治区银川市西北方，贺兰山东麓的拜寺口，由两座相距仅八十余米的塔组成，两塔好似一对情侣，含情脉脉，形影不离。人们怀着敬仰之情，送给它们许多美丽的名字："相望塔""夫妻塔""海神塔""飞来塔"等等。这两座塔东西相对，四周的庙宇早已被毁，其始建年代早已无法考证。

东面是砖筑八角十三层的塔，残高 39.15 米，塔身为密檐式，第一层较高，从第二层以上，各层檐间的高度骤然缩短。檐下每面有两个怒目圆睁的砖雕兽面，形象威猛。西面是一座砖筑十三层的塔，外形和高度与东塔相似，从第二层开始，以上各层塔身檐下每面正中有一浅龛，龛内都塑有一座或坐或站的佛像，这些佛像千姿百态，无一雷同。

西夏王陵

西夏王陵位于宁夏回族自治区银川市西郊，贺兰山东麓，共有11

座，里面葬的是西夏王李元昊及其祖父、父亲和以后诸王等王族显贵。

南北长 10 千米，东西宽 4 千米的陵区随地势修筑而成，陵区内错落着 11 座西夏帝王的陵园，附近还有二百余座陪葬墓。每个陵园的形体相似，但都各自构成一个单独完整的建筑群体。陵园四角建有标志陵园界限的角楼，由南向北依次为门阙、碑亭、外城、内城、献殿、灵台。四周有神墙围绕，内城四面开门的陵园面积均约在十万平方米以上。

西夏王陵不仅吸收了自秦汉以来，特别是唐宋皇陵的特长，同时还受到佛教建筑风格的影响，将汉族文化、佛教文化与党项民族文化有机地结合在一起，构成了一种别具一格的形式。西夏王陵规模宏伟，布局十分严谨。西夏王陵虽然已遭到了毁灭性的破坏，然而其骨架尚存，仍可显示出西夏王朝特有的时代气息和风貌。

西夏王陵被世人誉为"神秘的奇迹""东方金字塔"。它是领略西夏文化、寻古探幽的绝佳去处，它以诱人的魅力和与中原地区迥然不同的西夏文物古迹吸引着无数游人前来游览。

贺兰山岩画

贺兰山岩画位于贺兰县西贺兰口内，这里发现了中国古代游牧民族凿刻在崖上的真实印迹，内容有人面像、射猎、放牧、战争、舞蹈、图腾与生殖崇拜等。粗犷、质朴的岩画多达数万幅，是中国古代文明的一大奇迹。

贺兰总共有 16 个岩画分布点，整座贺兰山，俨然是一个岩画的

王国。贺兰山岩画构图奇特，形象怪诞：既有单独的图像，也有组合的画面；既有人物像和人面像，又有动物、天体、植物符号和其他符号；此外，还有很多描绘狩猎、械斗、舞蹈等场景的画面。贺兰山岩画填补了我国在世界岩画领域的空白。

 ## 六盘山

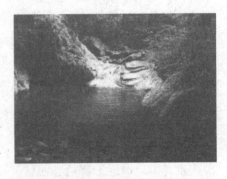

六盘山又叫陇山，地跨宁夏、陕西、甘肃三省区。主峰米缸山海拔 2942 米，在固原、隆德、泾源境内，是历史上的交通和军事重地。六盘山境内林木繁茂，山清水秀，有千余平方千米的树林，植物七百八十多种，例如华山松、油松、圆柏、银杏、山桃、山荆子等树和党参、大黄、防风、白芍等药材。六盘山还有金钱豹、石貂等二百多种走兽，红腹锦鸡等一百五十多种飞禽，是国家级自然保护区。

六盘山山势雄伟，巍峨挺拔，历来就有"山高太华三千丈，险居秦关二百重"的美誉，更因毛泽东的诗篇《清平乐·六盘山》而名扬海内外。六盘山海拔高，相对高度达 400 米以上。其中，凉殿峡相对高度达 500 余米，峡谷处的悬崖峭壁极为险峻。而这些地势特征则造成峡谷中溪流交错，水流每到陡落处便会飞泻成瀑或落地成潭。游人在谷底穿行，会倍感野趣无穷。六盘山的植被类型，既有水平地带性的森林、草原，又有山地植被垂直带的低山草甸草原、阔叶混交林、针阔混交林、阔叶矮林等垂直植被景观。植物群落的四季变化向人们展示了六盘山不断变化组合的自然美景，同时又使人们感受到时光的延续和岁月的流动。

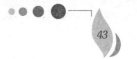

甘肃省

甘肃位于我国西北地区，其省会为兰州市。那里可谓名山古迹隐在群山万壑之中，层楼叠阁居于险峰峻峦之上，流沙掩埋昔日的阳关，高科技的号角却在这里吹响……

五泉山

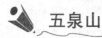

五泉山在兰州市城南的皋兰山北麓，因山上有甘露、掬月、摸子、惠、蒙五泉而得名。高大的牌楼式山门建在山脚高台之上，大门匾额上书"五泉山"三字。山上丘壑起伏，山环水绕，古木

苍郁，回廊曲径，层楼叠阁依山就势建造于险峰峻峦之上，悬壁殿阁之间泉水淙淙，溪流蜿蜒，环境清爽幽雅。

五泉山在唐、宋时期就建有寺庙，但在后来毁于战火。现存古建筑一万多平方米，其中崇庆寺、嘛尼寺、卧佛殿、地藏寺等多为明清时期所建。古建筑群多集中在中峰之上。中峰两侧为东西龙口，东龙口利用山泉水，修建了莲池和九曲桥，池边伫立二龙戏珠釉壁。二百四十多级的长廊盘旋而上，将东龙口与中峰连通。西龙口依山就势，建成有绿树相映成趣的"翠山新圃"等。西龙口西侧的动物园内

有鹿苑，熊池，狮虎房，猴山，禽园，熊猫馆等。五泉山的"铜接引佛""泰和铁钟"是公园的"镇山之宝"，现为国家级保护文物。

白塔山

白塔山位于兰州市黄河北岸，因山头白塔而得名。山下有金城、玉迭二关，为古代军事要地。白塔建于元代，明景泰年间重建。白塔有七级八面，塔底为高大须弥座，上为半圆形覆钵式塔身和八角楼阁式塔，上置绿顶，通高约 17 米。上楼阁与下覆钵结合形式在古塔中非常少见。白塔造型别致，轮廓优美，是古塔中的佳作。

白塔山于 1958 年辟为公园，总建筑面积 8000 多平方米，分为三台建筑群，依山而筑，飞檐红柱，参差有致，各个建筑以亭榭回廊连接，四通八达。山上原有象皮鼓、青铜钟、紫荆树，古时人称"镇山三宝"，目前紫荆树已枯死。白塔山经过多年绿化，树高林密，曲径通幽。公园内的"黄河奇石馆"和裕固族接待帐房独具风格。山下的中山桥使二者连为一体，成为兰州的必游之地。

雁 滩

雁滩位于兰州市东北隅，原是黄河中的 18 个沙岛，因早些年常有大雁栖息于此而得名。雁滩如今开辟为游泳区，成为游览胜地。此地黄河两岸水车转动、灌溉农田、皮筏争渡、载货送人，一派繁荣景象。

雁滩公园始建于 1958 年，是一处以湖光水色、花草果木而著称

的田园式公园。湖面西部有一座小岛，岛上宜放养大雁和各种水禽。和这个小岛相对的湖岸上有两组大雁展翅高飞的雕塑，二者相映成趣，因而得名"芳洲思雁"，有兰州古八景之一的"平沙落雁"佳景再现之意。园中林木茂密，风光明媚，建有楼台亭阁，与黄河景色互相映衬，壮美异常。公园辟有人工湖，湖中立有假山、亭阁、小桥，外观玲珑精巧，与碧湖绿树相映成趣。游人在湖中划船钓鱼，顿觉心旷神怡。

玉门关·阳关

玉门关为长城著名关口，城堡主体用黄土筑成，墙高9.7米，四方形，占地633平方米。登上玉门关极目远眺，可以望见汉代用泥土和芦苇秆相间修筑的古长城。

阳关在玉门关之南，又由于自古以山南水北为阳，故称阳关。关南是起伏的祁连山脉。阳关与玉门关、敦煌城成犄角之势，紧守河西走廊西端之大门。今天，茫茫无垠的流沙，已经把古阳关掩埋了。从古董滩向西翻越几道山梁，就能见到阳关西长城的遗址了。

莫高窟

"莫高窟"原意是指"沙漠的高处"，始凿于前秦建元二年（公元366年）。莫高窟是古丝绸之路上的一颗耀眼的明珠，蜂窝似的洞窟开凿在鸣沙山东麓的崖壁上，南北逶迤1618米。

窟内壁画四千五百多平方米，彩塑佛像2415尊。如果把壁画连接起来，可以组成一个长达25千米的画廊，成为世界上最长、规模最大、内容最丰富、保存最完整的一个画廊。它是研究中国古代政治、经济、文化、军事、宗教的宝贵资料。

莫高窟是古建筑、雕塑和壁画三者相结合的艺术宫殿，尤以丰富多彩的壁画而著称于世。敦煌壁画的数量和内容之丰富，是当今世界上任何宗教石窟、寺院或宫殿都不能媲美的。在洞窟的四周和窟顶，到处都画着佛像、飞天、仙女等。其中有佛经故事画、经变画和佛教史迹画，也有神怪画，还有各式各样精美的装饰图案等。

鸣沙山·月牙泉

　　鸣沙山和月牙泉位于敦煌市城南，离市区约六千米，是国内著名的两个"沙漠奇观"。鸣沙山南北宽 20 千米，东西长约四十千米，高达数十米。山上有一层潮湿的沙土层位于沙丘的下面，一旦风起，沙粒震动，就会引起沙土层共鸣而发出声音。鸣沙山有两个特点：人若从山顶上滑下，脚下的沙子会呜呜作响；人们在白天爬沙山留下的脚印，第二天竟会痕迹全无。鸣沙山下有一个新月似的小湖，即月牙泉。泉东西宽约五十米，南北长约一百五十米。水西浅东深，最深的地方也仅约五米，泉水清澈如镜，碧如翡翠。尽管沙漠中每年都有狂风吹过，但月牙泉始终清澈如故，千百年来不为流沙而淹没，不因干旱而枯竭，从而成了沙漠中的一大奇景。

青 海 省

青海省简称"青"，其首府为西宁市，它是本省的政治、经济、文化中心，古称"湟中"，是一座具有两千一百多年历史的高原古城。

青海湖·鸟岛

青海湖位于西宁市西 130 千米处，有大通山、日月山及青海南山相环绕，系断层陷落而成，是我国最大的内陆咸水湖。其面积为 4340 平方千米，水深近三十米，海拔 3193.92 米，湖水由甘子河、沙柳河、黑马河、布哈河、泉吉河、菜挤河、倒淌河从四面八方汇集而成。湖畔草原广阔，野花芬芳，牛羊遍野，天高云淡，空气清爽宜人，湖上风帆点点，碧波万顷，构成了一幅浓墨重彩的西部风景画。

湖中有海心山、三块石等岛屿，还有与布哈河三角洲相连的半岛——鸟岛。这里栖息着斑头雁、鱼鸥、棕头鸥三种候鸟十万多只，密度之大举世罕见。每年在青海湖泉湾过冬的天鹅都有近千只。青海湖鸟岛为我国八大鸟类保护区之首，吃湖中美味，宿湖畔帐篷，令人心驰神往。

日月山

日月山位于湟源县境内，海拔约四千米。相传在唐贞观十五年（公元 641 年），文成公主和亲进藏，由长安行至此地，见山高风急，荒无人烟，泣啼难行。护送大臣以皇帝的名义赐她日月宝镜两面，公主将二镜分置于东西山，以示西行的决心，日月山由此得名。

在日月山的山口，有两座小亭，它们是为纪念文成公主进藏联姻而建，名为日月山双亭。它们于 20 世纪 80 年代中期修建，分别立于垭口两侧，建筑精巧、辉煌。日亭内有青海省人民政府撰文刻制的"文成公主进藏纪念碑"，记述了文成公主和亲始末及历史功绩。亭内还绘有壁画，再现了文成公主进藏的历史面貌；月亭则有"唐蕃赤岭分界碑"和表现文成公主在西藏传播中原文化，促进西藏文化艺术与生产成就等方面的壁画。

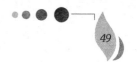
新疆维吾尔自治区

群山簇拥，峰恋叠翠的新疆景观众多：流泉飞瀑，故城回眸，红色砂岩闪烁着异彩……其首府乌鲁木齐更如同一颗耀眼的明珠，镶嵌在祖国的西北方。

南山牧场

南山牧场在乌鲁木齐市南约七十千米处，天山支脉喀拉乌成山北坡，是一处集山岳、森林、草原于一体的天然风景区。雪峰高耸入云，冰川晶莹耀眼，峰恋层叠，危岩矗立，峡谷幽深，林木葱郁，花草满坡，流泉飞瀑，空气清新，景色优美迷人。

西白杨沟是景色最为优美的主风景区，沟中清流潺潺，山花缤纷，深处雪峰入云，云杉蔽日，四十多米高的瀑布从绝壁上飞泻而下，水花如雪，雾气蒸腾，构成令人陶醉的神仙世界。各种碧草山花争奇斗艳，芳香四溢，如色彩斑斓的地毯，成群的彩蝶、蜜蜂飞来舞去，如诗如画，令人目眩神驰。

南山牧场既有北国草原的苍茫雄浑，又有江南山水的灵秀神奇。153平方千米连成片的草山，被誉为"南方的呼伦贝尔"。当地夏无酷暑，冬无严寒，"炎炎盛夏，地无暑热；数九寒冬，亦无长寒"。

山势平缓，草地辽阔，空气新鲜，土壤、大气、水质没受到任何污染。南山牧场翠谷连片，水草丰茂，是一处集天然牧场、秀丽风景、疗养、避暑于一体的旅游风景区。特别是炎热季节，上南山牧场观光和避暑的游客络绎不绝。南山风景名胜区以中国最大的高山台地草原为中心，一年四季，绿草如茵，风景如画，被社会各界公认为是休闲避暑的胜地和人类生存的天然氧吧。

天山天池

　　天山天池在乌鲁木齐以东100千米处，是我国44个重点自然风景名胜区之一。天山天池古称瑶池、龙潭，传说是西王母宴请周穆王之地，又传说是西王母的沐浴池，缭绕的云雾是西王母的霓裳羽衣，小天池是西王母的洗脚盆，大小锅底坑是西王母做饭之处，这些美丽的神话传说，给优美的天山天池蒙上了浓重的神秘色彩。

　　天仙天池湖面海拔1980米，呈半月形，面积4.9平方千米，平均水深40米，最深处可达105米，是一个天然高山冰碛湖。湖水清澈晶莹，碧如翡翠，水质洁净甘洌。四周群山簇拥，峰峦叠翠，云杉似海，雪岭云影倒映水中；远处博格达峰，白雪皑皑，晶莹耀眼；湖滨绿草如茵，山花烂漫。

　　天池不仅是中外游客的避暑胜地，而且已成为游客冬季理想的高山溜冰场。每到湖水冻结之时，这里就迎来了新疆或兄弟省区的冰上体育健儿，进行滑冰训练和比赛。环绕着天池的群山之上生长着雪莲、雪鸡，松林里出没着野狗，遍地长着蘑菇，还有党参、黄芪、贝母等药材，数不胜数。山壑中生活着珍禽异兽，湖区中有鱼群水鸟，众峰之巅有冰川，还有铜、铁、云母等多种矿物。天池一带如此丰富的资源和奇特的自然景观，对于常年在野外考察生物、地质、地理的工作者们，更是具有无法言表的吸引力。

天鹅湖

乌鲁木齐西南部的巴音布鲁克草原上，有大小不等的众多高山湖泊，总面积达三百多平方千米。数以万计的天鹅聚集在这里，数量之多居全国之冠，故有"天鹅湖"之称。天鹅品性高洁，以食草为主，从不侵害庄稼，一旦雌雄结为伴侣，便朝夕相伴，忠贞不渝。因此，当地牧民把天鹅视为天使和幸福吉祥的象征。

天鹅湖中有许多小岛，岛上长满芦苇和野草，还有各色鲜花，是各种禽鸟理想的栖息之地。耸入云霄的冰峰和连绵的雪岭，构成了天鹅湖的天然屏障。泉水、溪流和天山雪水汇入湖中，水草丰茂，食物充足，气候凉爽而湿润，十分适合天鹅生活。每当春天来到，万物复苏，大批天鹅会飞越重山峻岭，来到天鹅湖栖息繁衍。在和煦的阳光下，湖水、天光、云影、天鹅，构成一幅"片水无痕浸碧天，山容水态自成图"的画卷。在天鹅湖畔的高处建有一座瞭望台，可供游人观看天鹅的一举一动。

中国一号冰川

中国一号冰川位于乌鲁木齐南山地区天山中段喀拉乌成山主峰天格尔峰分水岭北侧，距乌鲁木齐118千米。该冰川形成于第三冰川纪，

距今已有400万年的历史。冰川形状为双支冰山冰川，其冰川上限海拔高度为4480米，冰舌末端海拔高度为3740米，冰川长度为240米，面积1.85平方千米。

火焰山

火焰山位于吐鲁番市的吐鲁番盆地中北部，原名叫克孜塔格山，意为"红山"。

该山处在盆地中，前后蔓延100千米，但海拔仅有四五百米。由红色砂岩组成的火

气候炎热的火焰山。

焰山犹如一条赤色巨龙卧于大戈壁之上。山上寸草不生，在阳光的照射下，其色如火，酷似火焰喷燃。这里是我国最炎热的特殊自然地区，最高气温达49.6℃。进入胜金口，峡谷里小溪潺潺，桃杏争艳，寺庙遗迹星罗棋布。山崖上的千佛洞驰名中外，洞里壁画琳琅满目，题字墨迹醒目异常。显赫一时的交河故城则位于火焰山的西面。山南是环抱在绿洲中心极为壮观的高昌古城。

华中地区

HUAZHONG DIQU

河 南 省

阅 读古代典籍和文学作品时，人们常会看到"中原"一词，这就是河南古称。其省会郑州是历史悠久的古都之一，曾经的繁华，为郑州增添了无限的文化底蕴。

黄河游览区

黄河游览区位于郑州市区西北的黄河南岸。区内有三个风景区：岳山寺、五龙峰、骆驼岭。岳山寺在明清时是蒙泽有名的八景之一，共有 18 处奇观。现在其主峰

黄河游览区内炎黄二帝的巨型头像。

建有高 33 米的三层阁楼——紫金阁。紫金阁内的一口洪钟每逢节日时都会与黄河的波涛声相应和，声音和谐美妙。五龙峰顶依山修建了亭、轩、楼、阁和曲径回廊。极目阁位于山顶最高处，清式重檐，是凭栏远眺的最佳之处。

骆驼岭西城叫汉王城，为汉所筑；东城叫霸王城，为楚所建。山下有一条南北向的大沟，叫做鸿沟。刘邦、项羽在此争战多年，以鸿沟为界两分天下，鸿沟以西为汉，鸿沟以东为楚。中国象棋盘上的所谓"楚河""汉界"即源于此。

开封市

开封市位于河南省中部偏东，黄河南岸。古称汴梁、汴京，是中国历史文化名城之一，距今已有三千多年的历史，为中国的七大

古都之一。春秋时期，郑庄公在此筑城，定名为"开封"，取意于"开拓封疆"。战国时期的魏国以其为都城，叫大梁。北周时又因其地临汴水，称汴州。五代时期的后晋、后汉、后周，以及北宋和金都以其为都城。明清时称为开封府。

开封市是中原地区黄河沿线重要的旅游城市。悠久的历史，深厚的文化积淀，使开封享有大宋故都、七朝都会、文化名城、菊城的盛名。依稀可寻的古城风貌，遍布市县的名胜古迹，特色浓郁的民俗文化，都显示了古都的风韵和魅力。开封旅游突出宋代特色。清明上河园、龙亭、开封府、大相国寺、包公祠等观光景点古朴典雅，与碧波荡漾的包公湖、龙亭湖，和雄伟的城门楼、古城墙交相辉映，形成了具有浓郁的宋文化氛围的北方宋都旅游景区。

相国寺

相国寺位于开封市内，是著名的佛教寺院之一，是战国时魏公子信陵君的故宅。古时在寺中曾有唐代吴道子、边思顺和宋代李象坤、王道真等著名画家的画迹，并有许多著名的高僧出自此寺。"相国寺"三字嵌于古朴庄严的门楼正中，依门而卧的琉璃狮分列于大门左右，使古寺气势大增。殿内有一尊约七米高的四面千手千眼观音木雕巨像，相传为一棵大银杏树所雕，全身贴金，精妙传神。寺内有一钟亭，一巨大铜钟悬于其内，约四米高，五吨多重，铸造于清乾隆年间。相传霜天凌晨时如果猛扣铜钟，钟声便可响彻全城。"相国霜钟"获得了"汴京八景"之一的美称。

相国寺是历史上的名寺之一，也是一座名副其实的文化艺术宝库。相国寺影响巨大，古典小说《水浒传》中所描绘的鲁智深倒拔垂杨柳、林教头结识鲁智深等精彩的故事，都是发生在相国寺的菜园里的。现在的大相国寺，有天王殿、大雄宝殿、八角琉璃殿、藏经楼等殿宇古迹。由新加坡灵山寺赠送的释迦牟尼真身舍利，于1993年安奉于寺内。八角琉璃殿中心亭的一尊银杏木雕千手千眼观音像，更是蜚声海内外。这尊雕像高达7米，像分四面，每面分四层，各雕手臂千只，精美之极。工艺之精，造型之美，举世无双，极其珍贵。

殷 墟

殷墟位于安阳市区西北小屯村一带，是我国奴隶社会商朝晚期的都城遗址，距今长达三千三百多年的历史。殷墟是一座开敞形制的古代都城，这里有雄伟壮阔的宫殿宗庙基址、等级森严的王陵大基、星罗棋布的住宅遗址和家族墓葬群，有密布其间的手工业作坊，有以甲骨文、青铜器、玉器为代表的丰富的文化遗存，这一切构成了殷墟独特的文化内涵，展现了殷商王都的宏大规模和王者气派。

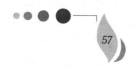

湖北省

湖北省省会为武汉市，是该省的政治、经济、文化中心。该省多名山大川，多文化古迹，神秘的神农架、道教圣地武当山……古琴台、黄鹤楼留下了古今文人墨客的足迹。

黄鹤楼

黄鹤楼位于武汉市蛇山的黄鹄矶头，与湖南岳阳楼、江西滕王阁合称为中国三大名楼。其主楼高50.4米，共5层，攒尖顶，层层飞檐，四望如一。中部大厅正面的墙上有大片浮雕，展现了历代有关黄鹤楼的神话传说；三层设夹层回廊，陈列着古代文人有关黄鹤楼的诗词书画；二、四层外有四面回廊；五层为瞭望厅，在此可观赏到长江的秀美景色。

黄鹤楼濒临万里长江，雄踞蛇山之巅，挺拔独秀，辉煌瑰丽，因此很自然就成了名扬天下的游览胜地。历代名士李白、白居易、陆游、杨慎、张居正等，都曾先后到这里吟诗作赋。历代名人在黄鹤楼留下了大量的诗歌、词作、楹联、碑记和文章等，其中"对江楼阁参天立，全楚山河缩地来"这副楹联生动地写出了黄鹤楼的气势，游人到此无不被它的伟大气魄所折服。

武汉长江大桥

　　武汉长江大桥横跨于武昌蛇山和汉阳龟山之间，是我国在万里长江上修建的第一座铁路、公路两用桥梁。桥全长1670.4米（正桥1155.5米），桥高80米（自江底到公路）。下层为双轨铁路，包括人行道，宽达14.5米，可容纳两列火车同时对开。上层为公路，包括人行道，宽达20.25米，可并列行驶4辆汽车。大桥共有8墩9孔，每孔跨度为128米，经常有巨轮通行。大桥两端的桥头堡高35米，分为4层，堡内设有电梯和扶梯，武汉长江大桥的建成让天堑变成了通途。

　　武汉长江大桥正桥的两端建有极具民族特色的桥头堡，各高35米，从底层大厅至顶亭，共有7层，有电梯供人上下。其附属建筑和各种装饰十分协调精美，整座大桥异常雄伟。如果从底层坐电梯可直接上大桥公路桥面参观。极目远眺，望大江东去，整个武汉三镇连成一体，美丽风光尽收眼底，同时使人心旷神怡，浮想联翩，流连忘返。

木兰山

　　木兰山位于汉口北郊70千米处的黄陂县境内，在南齐时因满山

长满木兰树而更名为木兰山。木兰山庙宇始建于隋，兴于唐，盛于明。先后建成7宫8观36殿，总建筑面积达三万多平方米。庙内有各种神佛像一千余尊。传说木兰代父从军，立下大功，战争结束后辞去册封，放弃名禄，解甲还乡，侍奉双亲，九十而终，葬于木兰山北，在那里还立有"木兰将军"的墓碑。

东 湖

东湖风景名胜区坐落在武汉市武昌东郊，由于湖岸曲折，港汊交错，被称为"九十九弯"。东湖南岸校舍林立，山峦叠秀；北岸渔舍井然；东岸丛林郁翠，为疗养胜地；两岸景点集中，风光迷人。九龙墩和唐山隔湖相望，丰姿娇态，各有景趣。东湖一年四季百花常开，所有花卉中，以梅、荷最为出名，品种众多，位居全国之首。

东湖湖山秀美、岛渚星罗，磨山、枫多山、吹笛山等共34座山峰紧紧环绕着东湖。据统计，这里有雪松、水杉、樟树共396种、三百余万株，被人们称为"绿色宝库"，这里更是鲜花的海洋，奇花异卉比比皆是，一年四季香飘不断。东湖还建有世界三大樱花园之一的东湖樱花园、全国第一座寓言雕塑园，以及鸟类的乐园——鸟语林等多种景园100多处。游人来到这里，一种目不暇接的感觉油然而生。

湖南省

长沙市是湖南省的省会，这里出现过许多名人，领导中国人民建立独立自主的新中国的伟大领袖毛泽东的故居就位于湖南长沙的韶山，这里已成为人们心中的圣地。

岳麓山

岳麓山位于长沙市湘江西岸，古人称其为南岳衡山之足，故得此名。岳麓山风景名胜区系国家级重点风景名胜区，是南岳衡山72峰之一。岳麓山海拔300米，森林繁茂，竹翠花香，风景幽雅，文物古迹甚多，文化积淀深厚。湘江在山下缓缓流淌，可谓锦山绣水，风光无限。由丘陵低山、江、河、湖泊、自然动植物，以及文化古迹、近代名人墓葬、革命纪念遗址等组成，为城市山岳型风景名胜区。已开放的景区有麓山景区、橘子洲头景区。其中麓山景区系核心景区，景区内有岳麓书院、爱晚亭、麓山寺、云麓宫、新民主学会景点等。古麓山寺号称"汉魏最初名胜，湖湘第一道场"；云麓道宫是道家的二十洞真虚福地；爱晚亭是地处青枫峡的中国四大名亭之一。岳麓书院在岳麓山东面山下，始建于北宋开宝九年（公元

976年），是我国古代著名的四大书院之一。书院依山而建，占地2.1万平方米，建筑面积近八千平方米，中轴线上排列着院门、赫曦台、大门、二门、讲堂、御书楼，两侧是教学斋、半学斋、湘水

校经堂、船山祠、濂溪祠、百泉轩等。左边为文庙，右边有园林花圃。院门匾额"岳麓书院"四字为宋真宗亲题，门两侧有对联"惟楚有材，於斯为盛"。整个书院给人以清新雅致的文化气息。

毛泽东故居

毛泽东故居位于湖南中部稍东，距长沙市近100千米，距湘潭市近40千米的韶山市韶山冲内，是一座普通农舍，土墙灰瓦，坐落在韶山冲中，四周松苍竹翠。在卧室、廊檐和碓屋之间，陈列着毛泽东的全家照，地上摆放着各种农具和日常器皿。在毛泽东卧室的桌上还摆着一盏油灯。那时候，毛泽东就是在这盏油灯下阅读各种革命书籍。韶山河流不多，但多山多树，诸峰并峙，脉脉回环，景色特别险峻的当属韶峰。

韶 山

韶山位于湖南省中部，面积为210平方千米，群山环抱，峰峦耸峙，气势磅礴，翠竹苍松，田园俊秀，山川相趣。韶峰为南岳七十二峰之一，色彩绚丽。青年水库融蓝天，映青山，碧波荡漾。慈悦庵的六朝松，神秘的"西方山洞"等著名景观，点缀灵秀山川。相传舜帝南巡到此，见风景优美，遂奏韶乐，引凤来仪，百鸟和鸣，又传"韶氏三女得道于此，有凤鸟衔天书到，女皆仙去"，韶山故此

得名。毛泽东故居、毛氏宗祠、毛泽东纪念馆，以及新建的毛泽东铜像、毛泽东诗词碑林、韶山烈士陵园等为亿万人所敬仰，给韶山增光添彩。

岳阳楼

　　岳阳楼位于湖南省岳阳市区，为该城西门城楼，紧靠洞庭湖畔。自古有"洞庭天下水，岳阳天下楼"之誉，与江西南昌的滕王阁、湖北武汉的黄鹤楼并称为江南三大名楼。北宋范仲淹脍炙人口的《岳阳楼记》更使岳阳楼著称于世。现在的岳阳楼为 1984 年重修，沿袭了清朝光绪六年（1880 年）所建时的形制。1988 年 1 月被国务院确定为全国重点文物保护单位，同年 8 月被列为国家重点风景名胜保护区，2001 年元月核准为首批国家 AAAA 级旅游景区。它的前身，相传为三国时期东吴名将鲁肃所建的阅军楼，西晋南北朝时称"巴陵城楼"，中唐李白赋诗之后，始称"岳阳楼"。唐开元四年（公元 716 年），张说来守岳阳，常与诗友登楼吟诵，岳阳楼遂逐渐闻名。岳阳楼于宋庆历五年（1045 年）重修，范仲淹特作《岳阳楼记》一文，以"先天下之忧而忧，后天下之乐而乐"的名句传于后世，岳阳楼因而成为我国南方的一大名胜。

华北地区

HUABEI DIQU

北京市

北京是举世闻名的历史古都，居于中国历史文化名城之首。有国家级、市级、区县级文物保护单位 600 余个。辽、金、元、明、清各代的名胜古迹更是遍布京城和远近郊区。

天安门广场

天安门广场位于北京市城区中心，是世界上最大的广场。天安门广场南北长 880 米，东西宽 500 米，面积达 44 万平方米，可容纳 100 万人集会。我国的"五四"运动、"一二·九"运动和中华人民共和国的开国大典等重大历史事件都发生在这里。天安门广场凭借着地位特殊、历史内涵丰富、知名度高的特点，吸引着千千万万海内外游人。广场北端是天安门城楼，南端是正阳门，西侧是人民大会堂，东侧是中国历史博物馆和中国革命博物馆，中央矗立着人民

北京天安门广场因其特殊的历史意义，成为中国人民心中的圣地。

英雄纪念碑，碑南为毛主席纪念堂。天安门广场以其壮丽开阔、宏伟庄严的雄姿闻名于世。

天安门城楼

天安门城楼坐落在十多米高的红色墩台上，通高 34.7 米。城楼雕梁画栋、重檐飞翘、红墙黄瓦，蔚为壮观。金水河位于城楼下，五座雕琢精美的汉白玉桥横跨在河上，两对雄健的石狮和一对挺秀的华表耸立在桥前。

1949 年 10 月 1 日，毛泽东主席登上天安门城楼，向全世界宣告中华人民共和国成立。从此以后，天安门就成了新中国的象征，我国国徽上也有天安门的图形。

人民英雄纪念碑

人民英雄纪念碑巍然屹立在天安门广场的中央，是中国历史上最大的纪念碑。碑的正面与天安门相对，上面有毛泽东同志题写的"人民英雄永垂不朽"八个大字。纪念碑由双层巨座承托碑身，上层刻有八大花环，由菊花、牡丹、荷花、百合花等组成，以表示对先烈的怀念和崇敬之情。10 幅汉白玉大型浮雕镶嵌在下层巨座的四周，每幅浮雕有 2 米高，10 幅全长四十多米，上面有一百七十多个人物雕像。

人民大会堂

位于天安门广场西侧的人民大会堂是全国人民代表大会的会址，建于 1959 年。整体建筑规模宏大，气势雄伟，总建筑面积达 17.18 万平方米，高为 40 米。黄绿相间的琉璃屋檐、高大的廊柱和魁伟的浅灰色大理石门柱，极具民族风格。堂内由万人大会场、能同时容纳 5000 人的宴会大厅和全国人民代表大会常务委员会办公楼 3 大部分组成。此外，堂内还设有全国各省、自治区、直辖市的厅室，以展示各地最有特色的艺术珍品。

毛主席纪念堂

　　毛主席纪念堂位于天安门广场中央，于 1977 年 9 月 9 日举行了落成典礼。纪念堂首层由北大厅、瞻仰大厅和南大厅 3 个部分组成。北大厅的中间有 3 米多高的毛泽东同志坐像，用汉白玉雕塑而成。坐像背后的墙上，悬挂着巨幅绒绣，上面描绘了祖国的壮丽山河，画面雄伟壮观。瞻仰大厅是毛主席纪念堂的核心部分。水晶棺安放在大厅正中，中国共产党党旗覆盖在毛主席遗体上。大厅正面墙壁的白色大理石上镶嵌着闪闪发光的金色大字——"伟大的领袖和导师毛泽东主席永垂不朽"。南大厅为出口大厅。

故　宫

　　故宫在北京市城区中心，旧称"紫禁城"，是明、清两个朝代的皇宫，也是当今世界上现存规模最大、建筑最宏伟、保存最完整的古代宫殿建筑群。故宫始建于明永乐四年（1406 年），历时 14 年建成，迄今已有六百多年的历史。故宫分外朝、内廷两大部分。外朝以太和、中和、保和三大殿为中心，文华、武英两殿为侧翼。内廷以乾清宫、交泰殿、坤宁宫为后三宫，还有东六宫、西六宫、宁寿

宫、慈宁宫和御花园等。

天 坛

　　天坛即今北京的天坛公园，位于永定门内东侧，占地面积达273万平方米，比北京故宫的面积还要大3倍多，是我国现存最大的一处坛庙建筑，它以严谨的布局、独特的结构闻名于世。从高处俯视，可明显发现天坛建筑分内外两重围墙，两重墙的北墙呈圆形，南墙呈方形，象征着"天圆地方"，而北墙又高于南墙，表示"天高地低"之意。

雍和宫

　　雍和宫位于东城区雍和宫大街东侧，占地约六万多平方米，有殿宇千余间，前半部疏朗开阔，后半部密集而起伏，殿阁错落，组成一组规模宏大的古建筑群。南门口有三座精美华丽的牌坊，中轴线上有天王殿、雍和宫大殿、永佑殿、法轮殿、万福阁五重大殿。两侧有讲经殿、密宗殿、医学殿、数学殿及诸多东、西配殿。东路原有东书院、平安居、如意室、太和斋、海棠院及花园；西路原有观音殿和关帝庙。

钟鼓楼

钟鼓楼取"暮鼓晨钟"之意，是明清两朝向着北京城敲钟击鼓报时的地方，它位于景山公园北约两千米处的东城区地安门外大街。

旧北京以紫禁城为中心的南北向有一条中轴线，南端从永定门起，经前门、天安门，穿故宫，越景山，北止钟楼，全长8千米。钟楼旧址为元代万宁寺中心阁。重建于清乾隆十年（1745年），全部用砖石建成，楼高33米，四面开券门，灰墙绿瓦。钟亭内悬挂大铜钟，厚约二十七厘米，高5.55米，重63吨，声音宏亮。此钟铸于1420年，比北京大钟寺的永乐大钟还重16.5吨，是中国最重的一口铜钟。但此钟的艺术价值和知名度却远不如永乐大钟。

鼓楼在钟楼南100多米处，初建于元至元九年（1272年），原名齐政楼，为元大都的中心。明永乐十八年（1420年）重建，清嘉庆五年（1800年）重修。下为4米高的城台，东西长55.6米，南北宽约30米，台前后各有3道券门，东西各有1道。台上有重檐城楼。鼓楼是明清两代向全城击鼓报时之处。1924年鼓楼曾一度改为"明耻楼"，陈列展出八国联军入侵北京时有关国耻的实物，现存楼上的一面更鼓，上有明显的刀痕。

香 山

香山公园在北京西郊西山东麓，距市区二十多千米，这里三面环山，林木葱郁，花团锦簇，景色清幽，充满自然野趣，是一处优美的山林公园。香山主峰香炉峰，俗称"鬼见愁"，海拔575米，山顶有两块酷似香炉的巨石，又常有云雾缭绕，如袅袅香烟，由此而得名。香山历史久远，名胜众多，几代帝王都曾在此营造宫苑。乾隆时期更是广建楼台亭阁，构成二十八景，成为北京四大名园之一——静宜园。

圆明园遗址公园

圆明园遗址公园位于北京西郊海淀区内，由圆明、万春、长春三园组成。圆明园占地约 330 万平方米，水面占全园面积的一半以上，三园各有自己的宫门和殿堂，园内河流潆洄，堤岛相望，园中有园，景中有景，名树奇花遍植，奇岩怪石巧布。就是这

香山红叶最为著名，每到秋天，漫山遍野的黄栌树叶红得象火焰一样。

座辉煌的绝代名园、人间仙境，却于 1860 年被英法联军彻底洗劫，园中珍宝被掠夺一空，整座园林被纵火焚毁。圆明园废墟的遗址上一片瓦砾，满目凄凉，留给了人们无限的遗憾及对往日盛景的遐想。

颐和园

颐和园位于北京市西郊的海淀区内，是我国现存规模最大、造景最丰富、保存最完好的皇家园林。颐和园由万寿山、昆明湖两大部分组成，占地 290 万平方米，其中水面占 3/4，建筑面积约七万平方米，各式古建筑三千余处，有林木三十余万株。园林汇集了我国北雄、南秀的园林艺术特色，葱郁苍翠的万寿山衬托着碧波万顷的昆明湖，湖光山色，云影松风。借西山、玉泉山群峰之景，扩展了无限空间，气魄宏大，手法巧妙，是"虽由人做，园自天成"的园林典型。

圆明园是清代著名的皇家园林之一，共有一百五十景。圆明园最初是康熙皇帝赐给皇四子胤禛（即后来的雍正皇帝）的花园。

天津市

天津地处华北平原，地势低平，多碱滩洼地。主要河湖有海河及其支流子牙河、大清河、永定河、七里海等。属温带半温润大陆性季风气候，年均温度 12.2℃。

水上公园

水上公园是天津最大的综合性公园，它位于天津市区西南部，总面积 165 平方千米，其中湖面积 89 平方千米。湖内有 12 个小岛，岛与岛之间由造型优美的曲桥、双曲拱桥、桃柳堤相连，水面被分割成东湖、西湖、南湖三个大湖。

此地原是一片荒岗沼泽。帝国主义者于 1860 年在天津强设"租界"，从这里取土、烧砖，大兴土木，使这一带土壤流失严重，成了蚊蝇孳生的水坑和苇地，被人们称为"青龙潭"。从 1950 年开始，中国人民政府在这里造景堆山，挖湖修路，种花植树，兴建亭廊，取名"水上公园"。

公园东门处是一处金黄色宫殿式的亭廊，如一条缎带蜿蜒横卧。亭廊以北是儿童乐园。顺桃柳堤向西，经游泳池、曲廊、迎宾馆和白堤水榭，就到了公园的文化区，此处长廊环绕，建有露天剧场、阅览室、广场、凉亭，附近还有湖滨轩、五曲桥、

水上公园景名为"龙潭浮翠"，整座公园由东、西、南三大湖和分散在湖中的 11 个岛屿组成，因此称之为水上公园。

眺园亭。风光融江南风格和北方情调于一园，全园林木 6 万株。园中有仿古建筑群"碧波庄"，展览名贵盆景的"盆景园"，与日本神户市共同建筑的"神户园"等"园中之园"。登上公园至高点——高 27 米的"眺园亭"，可一览全园风貌。园中还设有各种游乐设施和风味餐厅，公园南部是规模宏大的天津动物园，展出大熊猫、金丝猴等一百余种珍稀动物。

大沽口炮台

大沽口炮台位于塘沽区大沽口海河南岸，天津市东南约六十千米的海河入海口，是入京咽喉，津门之屏障。自古以来即为海防重镇，素有"南有虎门，北有大沽"之说。在中国近代史中，大沽炮台更是成为我国重要的海防屏障。大沽口炮台建自明代，清咸丰八年（1858 年）重修。现共有大炮台五座（南岸三座，北岸两座），以"威、镇、海、门、高"五字命名，每台置放三尊大炮。第二次鸦片战争和清光绪二十六年（1900 年）抗击八国联军时，爱国士兵和义和团战士曾在此与敌人浴血奋战。光绪二十七年清政府与八国联军签订《辛丑条约》，规定拆毁大沽口炮台，然而唯独南岸"海"字中炮台没有被毁，至今仍保存完好，成为中国人民反抗侵略者的重要历史遗址。炮台临海，游人可在此远眺海景。近百年来，大沽口炮台饱经沧桑，几经兴废，它是帝国主义侵略中国的铁证，是中国人民浴血奋战、抗击帝国主义侵略者的历史见证。古往今来，无数的仁人志士到此凭吊，激发心中的爱国主义热情。

1988 年，大沽口炮台遗址被国务院确定为全国重点文物保护单位。1990 年又以"津门古塞"之誉被评为"津门十景"之一，并确定为天津市爱国主义教育基地。

大沽口炮台的周边景区还有天津海边度假区、潮音寺和北洋水师大沽船坞遗址等著名景点，可供游人游览。

独乐寺

独乐寺是我国古代木结构建筑的代表作，它又称大佛寺，在蓟县城西门内。据说安禄山就是在这里起兵叛唐的，因他思独乐而不与民同乐，故称独乐寺；另一个说法是独乐寺因西北有独乐水而得名。古寺建于唐贞观十年，辽统和二年（公元984年）重建，主建观音阁和山门殿，这是独乐寺的主体建筑。独乐寺是中国仅存的三大辽代寺院之一，为国务院1961年首批公布的全国重点文物保护单位。也是津门十景之一。独乐寺现已列为申报世界历史文化遗产预备清单名录。独乐寺属全国重点文物保护单位，是我国现存最著名的古建筑之一。

山门屋顶是中国现存最早的庑殿顶山门，殿高约10米，五脊四坡顶，檐角如飞翼。观音阁高23米，其列柱、斗拱、梁枋等筑殿木物数以千计，但其衔接没用一枚铁钉，而全部是凿木构吻。据记载，独乐寺曾经受过28次地震，其中破坏性强震有三次，除观音阁未遭破坏以外，其余建筑房屋都倒塌了。阁内观音像高16米，慈眉善目，端庄秀丽，衣带飘逸，神采俊然。十个小佛头位于观音头顶，故这座观音像称十一面观音。胁侍菩萨位于十一面观音的两侧，它们与山门内的天王像都是辽代彩塑珍品。观音阁下层的四壁布满了彩色壁画，内容为十六罗汉、三头六臂明王像，还有山林云水和世俗题材画。明万历，清顺治、乾隆、光绪年间，这些彩绘都曾得以重修。每年农历三月，方圆百里的善男信女，纷纷来这里烧香拜佛。

河北省

河北省，简称冀，处于北纬 36°3′ ~ 42°40′，东经 113°27′ ~ 119°50′，省会为石家庄市，面积 18.77 万平方千米。海上运输较为发达，秦皇岛港为中国最大的能源输出港。

正定四塔

正定是中国历史文化名城之一，位于石家庄北约十五千米处。正定有 4 座风格不同的古塔，值得一游。

木塔坐落在正定城内，又名天宁寺凌霄塔。始建于唐咸通元年（公元 860 年），宋、明、清均有修葺。塔身是砖木混合结构，塔分九级，高 60 米，是正定城内最高的古建筑，塔内有阶梯可攀登至顶，眺望正定全境。塔顶、塔刹和第九级于 1965 年邢台地震时倒塌，八级以下仍保存完整，其建筑结构与建筑艺术特点仍清晰可见。

青塔坐落在正定城内东南角，又名临济寺澄灵塔，始建于唐咸通八年（公元 867 年）。此塔有一番来历：唐代义玄和尚在正定创建了佛教教派临济宗，成为中国佛教重要教派之一。到宋代传入日本。公元 867 年义玄去世，翌年佛教徒在正

临济寺青塔的塔顶以砖雕刻的刹座和以铁铸的相轮、仰月、宝珠，增加了佛塔的庄重。

定城内东南选地建塔葬之，遂移临济寺建于此，寺早毁，青塔在金大定年间重修。现仍以此寺为临济宗发祥地，信徒众多。青塔高30.7米，塔分九级，塔身为砖砌，呈八角形。日本佛教界朋友近年来常到该塔朝拜。

华塔坐落在正定城内，又名广惠寺多宝塔。始建于唐贞元年间（公元785年—公元805年），金、明、清皆有修葺。现存华塔为金代建造，塔高40.5米，第一二层为八角形，第三层为方形，第三层以上呈圆锥形，其上依八面八角的垂线有浮雕状虎豹狮象龙及佛像等壁塑，参差排列。

砖塔坐落在正定城内西南街，又名开元寺须弥塔，始建于东魏兴和二年（公元540年），唐乾宁五年（公元898年）重修，现仍保留唐塔的特征。砖塔呈方形，高48米，塔分九级，塔的初层四角各有石刻力士承托，力士孔武有力、栩栩如生。塔的下层正门上写"须弥峭立"四字。砖塔东面有一座古钟楼，内有一口巨大铜钟，据说钟楼大钟响时，方圆几十里都可听见。此塔和著名的西安大雁塔颇有相似之处。

赵州桥

赵州桥建于隋代，距今已有一千四百多年的历史，是世界上现存最古老、保存最完好的敞肩式石拱桥。赵州桥由隋代著名工匠李春和多位石匠集体设计与建造。这座敞肩式单孔弧形石拱桥的全长50.82米、宽10米，由28条独立石券纵向并列砌筑，每拱用长、厚

各 1 米、重 1000 千克的石条 40 块。大拱两端双肩上各设两个小拱，既可减轻桥身重量，又可减少水流冲击力，加速泄洪。这种拱肩加拱的敞肩拱结构，在我国及世界桥梁史上都是一种创举。

白洋淀

白洋淀位于河北省中部安新县及雄县、任丘、高阳等县市边境。是海河平原上最大的湖泊，总面积 366 平方千米。淀区内共有 36 个村庄，80 平方千米芦苇，146 个淀泊。河淀相连、沟壕纵

横，苇田星罗棋布，成为中国特有的一处自然水景风光。白洋淀中有自然形成的千亩荷花淀，这里的荷花有粉、白两种颜色，每年农历 5 月—8 月荷花盛开，一时淀内香气四溢，沁人心脾，让人沉醉。

开元寺塔

开元寺塔位于保定南郊约六十千米的定县（现定州市）内，据《定州志》记载：宋初，开元寺僧慧能往天竺取经，得舍利子，宋真宗敕命建塔以志纪念。该塔自宋真宗成平四年（1001 年）开建，历

时 55 年，是中国现存最高的古砖塔。此塔虽已有近千年的历史，但塔身没有丝毫倾斜。在 1884 年大地震中，塔的东西南部塌毁。新中国成立后政府对其进行了多次维修，现仍保留着它的原貌。

莲池公园

莲池公园位于保定市区中心，是保定市内最主要的一座公园。该公园原是元朝时汝南王张柔的私家园林，初名雪香园，因荷花满塘，明代称为莲花池。明万历年间经扩建后，成为达官贵人闲游宴饮之地，清代则成为乾隆、嘉庆及慈禧的行宫，直至新中国成立后才成为人民公园。莲池公园占地二十四万余平方米，其中水面七千九百多平方米，一池碧水，荡于公园正中，池中荷花密布，绿茎高挺，池中央建有水心亭，其他建筑物和景点环池而设，主要景点有临漪亭、寒绿轩等。值得一提的是，在莲池的正北处有一碑刻长廊，王羲之、颜真卿等许多大书法家都在此留有真迹，李白、苏东坡等许多唐宋的诗词名家的作品也镌刻在碑上。

清西陵

清西陵位于河北省易县城西梁各庄永宁山下，与遵化县的东陵并称。这里是清代帝王的陵寝之一，有 4 个皇帝、9 个皇后、57 个妃嫔、2 个公主和 3 个亲王埋葬在这里，这 4 个皇帝分别是雍正、嘉庆、道光、光绪。西陵每座陵墓建筑的构造风格都体现了严格的封建等级制度。每座陵分前后两大部分，门、坊、亭、碑、桥、石雕等位于前部，殿宇和地下宫殿主要在后部。东西配殿是祭祖时僧人念经的地方，祭祀时备办瓜果茶点则在东西朝房，隆恩殿则是进行祭典的场所，每年四季各一次大祭，每月两次小祭。

 ## 清东陵

　　清东陵位于遵化县西北马兰峪西，距北京 125 千米，它和清西陵是我国现存规模最大、体系较完整的皇室建筑群。陵区地势向阳宽敞，河流左环右绕，山脉前拱后卫，自然风光无比秀美。据说此址是顺治帝自己选中的。14 座陵寝依山而筑，黄绿琉璃瓦的宏伟祭殿、纵横交错的神道和石桥、各种形态的牌坊和碑亭构成了一幅宏伟绚丽的图画。清东陵共有帝陵 5 座、后陵 15 座，以及妃嫔、公主、王公陪葬墓一百三十多座。清东陵为全国重点文物保护单位。

山 西 省

山西省省会太原市，是著名的历史名城。该省宗教文化比较
发达，主要有佛教、道教、伊斯兰教、基督教等 4 种宗教。佛
教自东汉传入后，五台山成为全国佛教传播的重点区域，北岳
恒山是全国道教名山，太原天龙山石窟是中国迄今发现的唯一
道教石窟。

 ## 双塔寺

双塔寺在太原火车站东端，坐落在林木葱茏的山坡上。双塔巍
峨矗立，蓝天、白云相映，寺庙依山层叠，殿阁绿树簇拥，景色秀
美怡人。双塔与名文宣塔是明代高僧佛登和尚于 1608 年奉旨修建

的，是太原市的标志。两塔为砖石结构，琉璃飞檐，檐上有鸟兽花卉。明代初年，统治者吸取前代失大同而亡天下的教训，设大同府，为九进重镇之一，有"大同士马甲天下"之称。

晋 祠

晋祠位于太原市西南 25 千米的悬瓮山麓。它由近百座殿、堂、楼、阁、亭、台、桥、榭组成。这里山环水绕，古木参天，风景优美，是太原郊区最有名的古迹胜地，为国务院公布的全国重点文物保护单位之一。周柏、难老泉和侍女像被人们称为"晋祠三绝"。

天龙山石窟

天龙山石窟位于太原市西南 40 千米的天龙山山腰。这里景色优美，气候温和，山峦重叠，松柏苍郁。龙王洞泉水甘冽，山谷间溪流叮咚，这里曾是北齐开国皇帝的避暑宫。

天龙山原名方山，海拔 1700 米，因北齐时建天龙寺而得名。天龙寺宋时称圣寿寺，历代香火旺盛，1948 年被焚，1981 年在旧址重建。寺前有蟠龙古松，遮天盖日，显见古色。

天龙山石窟始建于东魏（公元 534 年—公元 550 年），历经东魏、北齐、隋、唐四朝开凿，石窟分布在天龙山东西两峰，共 24 窟。东峰 8 窟，西峰 13 窟，山北 3 窟，有大小佛像 500 余尊。天龙山石窟虽比云冈石窟开凿晚，但技巧上有了很大进步，石雕刀法精细，形象生动，姿态优美，生活气息浓郁。第九窟外原有宏伟的"漫山阁"，阁内分上下两层，上层是高 8 米的弥勒大佛坐像，下层是观

晋祠是集中国古代祭祀建筑、园林、雕塑、壁画、碑刻艺术为一体的唯一而珍贵的历史文化遗产，所以有"不到晋祠，枉到太原"一说。

音立像和文殊、普贤骑兽
像，现除弥勒大佛外，阁
和其他佛像均遭破坏。露
天的弥勒大佛比例均匀、
神态安详、气质凝重，是
晚唐遗迹中的杰作。

天龙山除精美的石窟
雕像外，还有重山环翠、高阁绕云的避暑宫。

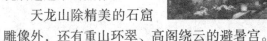

乔家大院

　　乔家大院位于晋中地区祁县东观镇乔家堡村，距太原 64 千米。
乔家大院占地 8724.8 平方米，有院落 19 进，房屋 313 间。院落建筑
构思精巧，平面为"双喜"字形。宅院古朴、大方，为传统中式结
构。其周围高墙围绕，达十几米，上有女墙垛口。房顶上有多达一
百四十余个烟囱，形制各异、无一雷同。院内斗拱飞檐、木砖石雕，
精美大方，典雅美观，是高水平的建筑艺术作品。这一院落始建于
清代乾隆二十年（1755 年），是我国清代民居建筑中的一颗明珠。

双林寺

　　双林寺原名中都寺，在平遥县城西南 7 千米处。它创建于北魏，
距今已有一千四百多年历史。寺的四周各有两株大树，俗称"双林"，
故自北宋起，中都寺改称"双林寺"。双林寺规模宏大，筑造在 3 米
高的土台上，仿城堡式筑门构墙，南墙有山门，面积近 1.5 万平方米。
双林寺的彩塑造像，富有强烈的生活气息，人物形态逼真，神采飞扬，
是我国独具一格的艺术瑰宝，有"泥塑艺术宝库"之称。

平遥古城

　　平遥古城即今天的平遥县城，是中国历史文化名城之一，位于
太原市西南约九十千米处。城内街市纵横有序。明清民居、寺庙、

殿宇遍布城内。据统计，至清末时，总部设在平遥的票号有 12 家，其中最著名的是"日升昌票号"。所谓"票号"就是专营银两汇兑、存放款业务的清代金融机构，所以，晋商文化已成为全城独特的文化代表。

雁门关

雁门关又称西径关，在代县城西北 20 千米的雁门山山腰，与宁武关、偏关合称三关。因古书云"西径之地，重峦叠嶂，霞举云飞，两山对峙，其形如门，而蜚雁出于其间"，故名雁门关。周围峰峦陡峭，洞壑幽深，中有盘旋山路穿城而过，北依长城，南连瀚海；东通平型关、紫荆关、倒马关，直抵幽燕；西去轩岗口、宁武关、偏关，至黄河边，自古以来就是军事要塞，古人称"三关冲要无双地，九塞尊崇第一关"。

恒　山

恒山自明代起被人尊为北岳，位于山西省北部浑源县境内，海拔两千余米，东北—西南走向，绵延 150 千米。天峰山和翠屏山为恒山的主峰，分别位于东西两侧，两峰相峙，苍劲陡峭，浑河之水从中流过，形成了险要的地势。北魏初期，恒山为佛教圣地。到了唐代，佛教衰微，道家兴盛，恒山又成为道家仙境，号称"第五洞天"。如今，山中遍布各式文物古迹，是一处可供游览、度假、疗养的胜地。

内蒙古自治区

内蒙古自治区首府为呼和浩特，这里属温带半干旱气候，土地资源丰富、牧草生长良好，是中国最主要的畜牧业基地，草原上还盛产中草药，矿产资源也十分丰富。

昭君墓

昭君墓坐落在呼和浩特市南 9 千米的大黑河南岸，因被覆芳草，碧绿如茵，又名"青冢"，是史籍记载和民间传说中汉朝明妃王昭君的墓地。始建于公元前的西汉时期，距今已有2000余年的悠久历史，现为内蒙古自治区的重点文物保护单位。

昭君相传有"落雁"之美，为中国古代四大美女之一。汉元帝时被选入宫，竟宁元年（公元前 33 年）匈奴呼韩邪单于入朝求和亲，昭君自愿出嫁远入匈奴，后被立为宁胡阏氏，留下了脍炙人口的"昭君出塞"的故事。

在中国历史上，王昭君是一位献身于中华民族友好事业的伟大女性。在民间百姓中，昭君是美的化身。数千年来，她的传说、故事在中国民间广为流传，家喻户晓。自唐、宋以来，历代文人咏唱昭君、抒发情感的诗文、歌词、绘画、戏曲更是多不胜数，形成了千古流传的"昭君文化"。

昭君墓为人工夯筑的覆斗形封土堆，高 33 米，占地面积 13 万平方米。昭君墓矗立于平畴阔野之中，巍峨肃穆、雄伟壮丽，墓上植被繁茂，树翠草碧，鲜花争妍，在晨曦晚霞中更显色彩凝重，有"晨如峰，午如钟"之说。墓前、墓顶各建有亭，墓西侧有历代石刻碑廊，墓前两侧有昭君文物陈列室，墓前的大石上有董必武的题词："昭君自有千秋在，胡汉和亲见识高。词客各摅胸臆懑，舞文弄墨总徒劳。"昭君墓历史上被文人誉为"青冢拥黛"，成为呼和浩特的八景之一。

墓地东侧是历代名人为昭君墓题写的碑文，西侧是文物陈列室。登上墓顶，我们会看到连绵不断的阴山山脉横贯东西，也可欣赏到呼和浩特市全景。

五当召

在包头市连绵起伏的大青山深处，有一座气势磅礴，规模宏大的藏式寺庙，这就是国家重点文物保护单位、4A级旅游景区、闻名遐迩的五当召。

地处包头市东北70千米的敖包山南麓的五当召，是内蒙古现存规模最大、保存最完好的寺庙。五当召规模庞大、气势恢弘，占地20万

有着辉煌历史的五当召，今天成为内蒙古自治区的游览胜地，吸引着四面八方游客慕名而来。

平方米，有屋宇2538间，重楼叠阁，蔚为壮观。殿宇白墙朱门，富丽堂皇，各殿自有特色。殿内佛像众多，壁画绚丽多彩，唐卡、绸幡、飘带琳琅满目，有高达十多米的释迦牟尼铜像，高9米的黄教创始人宗喀巴铜像，面目狰狞的护法金刚像等等。五当召的主体建筑，以八大经堂（现存六座）、三座活佛邸和一幢安放本召历世活佛舍利塔的灵堂组成；另有僧房六十余间以及塔寺附属建筑，全部房舍二千五百余间，占地300多亩。现存六大经堂为苏古沁殿、洞科尔殿、却伊日殿（显教经堂）、当坼希德殿、阿会殿（密宗经堂）、日本伦殿（菩提道学经堂）等。苏古沁殿为全寺集会诵经之所。这些殿宇规模宏大，均为曲型的藏式建筑群。殿内塑像俱全，壁画绚

丽，唐卡（卷轴佛画）夺目，各殿各有特色，或立高达十米的释迦牟尼铜像，或供高达九米的黄教始祖宗喀巴铜像，或塑面目狰狞的护法金刚像，或供奉白度母和绿度母塑像等。造型奇瑰，制作精美，金光夺目。三座活佛府邸在阿会殿的南面，其中洞科尔活佛府规模宏大，为第二世活佛热西尼玛于乾隆四十九年（1784年）所建。左右是接待多伦诺尔汇宗寺甘珠尔瓦呼图克图和章嘉国师而建造的两座府邸。

成吉思汗陵

　　成吉思汗是蒙古杰出的军事家、政治家，他在统一蒙古诸部后于1206年被推为大汗，建立了蒙古汗国。他即位后展开了大规模的军事活动，版图扩展到中亚地区和南俄。1226年率兵南下攻打西夏，次年在西夏病死。

　　成吉思汗陵园位于内蒙古鄂尔多斯市伊金霍洛旗甘德利草原上，距东胜区70千米，占地面积约5.5万平方米，二座蒙古包式的宏伟殿堂组成了陵寝的主体。陵墓分为东、正、西、后四个殿，四殿相互连接。房檐都用金黄色、蓝色琉璃瓦镶嵌砌筑，殿顶呈圆形，显得格外辉煌壮观。正殿高达26.6米，东西殿高23.3米。一幅巨大的成吉思汗画像悬挂在正殿之内，两边竖立黄杆、红缨、银戈和成吉思汗生前使用的"苏鲁锭"，即长矛。殿内四壁雕饰着各式图案，包括山、水、草、畜等等。

华东地区

HUADONG DIQU

上海市

上海属热带海洋性季风气候，年均温度 15.7℃，雨量充沛。主要河流有黄浦江、苏州河和长江。地理位置优越。上海是中国最大的港口，也是繁华的大都市。

上海大世界

上海大世界位于市中心的西藏路上，初建于 1917 年，是上海最早出现的一个大型综合性游乐场。大世界修建以前，旧上海已有一家"新世界"，每天游客甚多，可以说是上海最早的游乐场。现在上海大世界的娱乐项目更多，内设电影院、台球室、杂技场、舞厅、溜冰场、哈哈镜室等。"大世界"的建筑颇具特色，它由 12 根圆柱支撑的多层六角形奶黄色的尖塔构成，主楼为 3 幢 4 层高的建筑相连，另有两幢附属建筑，整个建筑布局新颖独特。

大世界游乐中心由"游乐世界""博览世界""竞技世界""美食世界"四部分组成，推出八大系列的游乐项目，特别是 20 世纪 90 年代推出的"竞技世界"中的"大世界擂台"及"吉尼斯纪录擂台"赛，更是吸引了全国各地的绝技高手，创造了世界和国内众多的"唯一"和"第一"的纪录。它那强烈的海派文化色彩，以及追

求时代气息的娱乐设施，吸引着成千上万的海内外宾客。大世界是中国唯一一座创造吉尼斯纪录和作品展示的场所。

豫　园

豫园是上海著名的古典园林，位于南市区，面积有 20000 平方米，有亭、台、楼、假山、阁、池塘等三十余处，是江南园林艺术的瑰宝之一。豫园始建于明嘉靖年间，原系潘氏私园。豫园始建于一五五九年，距今已有四百余年历史。豫园具有以小见大的建筑风格，一些工艺精细、栩栩如生的砖刻、木雕，都具有明、清两代南方建筑的艺术风格。豫园内有一面围墙，由 5 条巨龙装饰而成，这 5 条巨龙一是伏虎，二是穿龙，三四是双龙戏珠，五是睡龙，因此被称为龙墙。这 5 条巨龙蕴涵了豫园的精灵秀气，更增添了豫园的韵致。

外　滩

外滩位于上海市区，现在泛指黄浦江的中山东二路、中山东一路的地区及其附近地段。它是上海的风景线，是到上海观光的游客

必到之地。外滩全长约 1.5 千米。20 世纪初，许多中外知名银行曾云集于此，外滩成为上海的金融中心，被称为"东方华尔街"。当时的各个银行或财团为显示自己雄厚的财力，投下巨资营建豪华的大厦，哥特式、罗马式、巴洛克式、中西合璧式等 52 幢风格各异的大楼齐聚于此，因而，外滩集中了上海近现代各国风格的优秀建筑，所以又被称为"万国建筑博览"。

双龙戏珠

　　南浦大桥架于黄浦江上，1991 年建成通车，全长 8346 米，中孔跨度 423 米，一跨过江。桥面宽 30.35 米，为 6 车道，两侧有两米宽的人行道。两端主塔高 154 米，呈折线"H"形，两侧各有 22 对，共 180 根钢索拉紧主桥面，好像一架巨大的竖琴放在桥上，宏伟壮观。江面船舶如梭，桥上车水马龙，两岸高楼林立，呈现出一幅绚丽繁华、生机盎然的图景。

　　杨浦大桥架于浦东新区歇浦路与杨浦区宁国南路之间，1993 年 10 月建成通车。大桥全长 7658 米，中孔跨度 602 米，一跨过江，桥面和南浦大桥相似。大桥主塔高 208 米，桥塔两侧各有 32 对，共 265 根彩色拉索，将全部钢桥凌空悬起，为世界十大斜拉桥之一。扇形索面似巨琴琴弦，演奏着大上海的腾飞乐章。两桥和东方明珠塔构成上海"双龙戏珠"的壮观景象。

山东省

山东省是历史上春秋时期的齐、鲁之地，素有"齐鲁之邦，礼仪之乡"的美誉，其省会济南市更是我国著名的文化名城。

趵突泉

趵突泉位于素有"泉城"之称的济南市中心，南靠千佛山，东临泉城广场，北望大明湖，面积为0.108平方千米，是以泉为主的特色园林。济南有"家家泉水，户户垂杨"的美誉，趵突泉位居济南七十二名泉之首，被誉为"天下第一泉"，为泺水的源头，也是最早见于占代文献的济南名泉。趵突泉是泉城济南的象征与标志，与千佛山、大明湖并称为济南三大名胜。趵突泉曾被评为全国十大优秀园林、"十佳"公园和国家4A级景区，是首批国家重点公园。

趵突泉是公园内的主景，泉池东西长30米，南北宽20米，泉分三股涌出平地，泉水水质洁净，清冽甘甜。在郦道元的《水经注》中曾用"泉源上奋，水涌若轮"来形容该处泉水。泉的四周有大块砌石，环以扶栏，可凭栏俯视池内三泉喷涌的奇景。在趵突泉附近，散布着金线泉、漱玉泉、洗钵泉、柳絮泉、皇华泉、杜康泉、白龙泉等三十多个名泉，构成了趵突泉泉群。其中漱玉泉与宋代女词人李清照有关，她的故居就在漱玉泉边，因李清照文集《漱玉集》而得名，现在泉北的李清照纪念堂正是为纪念这位著名的词人而修建的。值得一提的是趵突泉公园的南大门，布置得富丽堂皇、雍容华贵，大门上的横匾"趵突泉"蓝底金字，是清朝乾隆皇帝的御笔，人们誉为中国园林"第一门"，一点也不为过。趵突泉边立有石碑一块，上题"第一泉"，其色为墨绿色，为清同治年间历城王钟霖所题。

大明湖

　　大明湖是济南三大名胜之一，是繁华都市中一处难得的天然湖泊，也是泉城重要风景名胜和开放窗口。它位于市中心偏东北处、旧城区北部。大明湖是一个由城内众泉汇流而成的天然湖泊，面积广大，几乎占了旧城的四分之一。市区诸泉在此汇聚后，经北水门流入小清河。现今湖面 0.46 平方千米，公园面积为 0.86 平方千米，湖面约占百分之五十三，平均水深 2 米左右，最深处约 4 米。

　　久雨不涨，久旱不涸是大明湖两大独特之处。2009 年，大明湖荣膺中国世界纪录协会中国第一泉水湖。湖上鸢飞鱼跃，荷花满塘，画舫穿行，岸边杨柳荫浓，繁花似锦，游人如织，湖水澄清如镜，楼、台、亭、阁点缀其间。远山近水与晴空融为一色，犹如一幅巨大的彩色画卷。小沧浪亭临湖而立，一面荷花，环境清幽别致。遐园在大明湖南岸，为园中之园，园内假山巧布，回廊亭阁，竹翠花艳，廊壁嵌有由岳飞书写的诸葛亮前后《出师表》等多方石刻。

　　"四面荷花三面柳，一城山色半城湖"是大明湖风景的最好写照。

灵岩寺

　　灵岩寺位于济南市南面的长清区，始建于东晋，距今已有一千

六百多年的历史。该寺历史悠久，佛教底蕴丰厚，为世界自然与文化遗产泰山的重要组成部分，是国家级风景名胜区，全国重点文物保护单位，自唐代起就与浙江国清寺、南京栖霞寺、湖北玉泉寺并称为"海内四大名刹"，并名列其首。

驻足灵岩胜景，你会看到，这里群山环抱、岩幽壁峭；柏檀叠秀、泉甘茶香；古迹荟萃、佛音袅绕。这里不仅有高耸入云的辟支塔，传说中奇特的铁袈裟；亦有隋唐时期的般舟殿，宋代的彩色泥塑罗汉像；更有"镜池春晓""方山积翠""明孔晴雪"等自然奇观。故明代文学家王世贞有"灵岩是泰山背最幽绝处，游泰山不至灵岩不成游也"之说。寺内有北魏石窟造像，唐代的宇寺塔，宋朝的泥塑绘画，寺内的罗汉泥塑像制作于宋代，梁启超称之为"海内第一名塑"，刘海粟题辞"灵岩名塑，天下第一，有血有肉，活灵活现"。

相传前秦永兴年间，郎公和尚来此说法，"猛兽归伏，乱石点头"，故将此地称为"灵岩"。灵岩寺在唐宋时期兴盛至极，曾有僧侣五百多人，殿阁四十余处，禅房五百多间。千佛殿为该寺主体建筑，殿内正中有巨佛三尊，四周为40尊木雕小佛，做工精细，口目传神，被誉为"海内第一名塑"。

泰　山

泰山通常指我国的五岳之首，有"天下第一山"之美誉，又称东岳，中国最美的、令人震撼的十大名山之一。泰山位于山东省中部，济南、泰安、长清都在泰山山脉的范围之内。泰山主峰玉皇顶在泰安市北，海拔 1532 米。泰山为我国"五岳"之首，因地处东部，故称"东岳"。泰山自然景观雄伟高大，有数千年精神文化的渗透和渲染以及人文景观的烘托，著名风景名胜有天柱峰、日观峰、百丈崖、仙人桥、五大夫松、望人松、龙潭飞瀑、云桥飞瀑、三潭飞瀑等。泰山于 1987 年被列入世界自然文化遗产名录。数千年来，先后有十二位皇帝来泰山封禅。孔子留下了"登泰山而小天下"的赞叹，杜甫在其诗《望岳》中写道："会当凌绝顶，一览众山小。"由此可见，泰山山势之磅礴雄伟，峰峦之挺拔突兀，景色之壮丽秀美。泰山名胜古迹众多，为我国名山之首。"旭日东升""晚霞夕照""黄河金带""云海玉盘"是泰山四大奇观。古代帝王登基之初或太平之岁，多来泰山举行封禅大典，祭告天地。

江苏省

江苏是历史上的吴地和越地，它孕育了辉煌灿烂的吴越文化。尤其是该省省会南京市更是著名的"六朝古都"，那里曾上演过多少盛衰兴亡……

明故宫遗址

明故宫又称南京故宫、南京紫禁城，是北京故宫的蓝本，明朝初期的皇宫。明故宫遗址位于南京市城内东侧，是朱元璋建立明朝后历时一年建成的皇宫。明故宫建筑极为宏伟，分内外两重，外重为皇城，内重为宫城，四周有护城河环绕。皇城与宫城之间，又设内外两门，外为承天门，内为端门，并建有内外五龙桥。明故宫布局与北京紫禁城相似，全部建筑毁于清咸丰时（1851年—1861年）的战火。现仅存午朝门、五龙桥和奉天门的一些遗迹及石刻，此地今为明故宫公园。

钟 山

钟山，又名紫金山，位于南京市区东北郊，以中山陵为中心，包括紫金山、玄武湖两大区域，总面积约 45 平方千米，是中国第一批国家级风景名胜区之一。这里自然风光优美、古迹文物丰富，有"金陵毓秀"的称誉。钟山山势峻拔而蜿蜒，山体呈弧形，东西全长约七千米，南北宽约三千米，周长约三十千米，主峰海拔高度为 448 米。钟山，在南京既是一座城中的山，又是一座城中之城。集寻古探幽、旅游观光休闲居住于一体。文人常将钟山比作龙头，其尾拖至镇江而入海，称宁镇山脉是一条巨龙，从东海入江，故曰"神龙见首不见尾"。

中山陵坐落于钟山东峰茅山的南麓。中山陵依山而筑，坐北朝南，岗峦前列，屏障后峙，气势磅礴，雄伟壮观。伟大的革命先行者孙中山先生的灵柩于 1929 年 6 月 1 日奉安于此。墓地全局呈"警钟"形图案，其中祭堂为仿宫殿式的建筑，建有三道拱门，门楣上刻有"民族，民权，民生"横额。祭堂内放置孙中山先生大理石坐像，壁上刻有孙中山先生手书《建国大纲》全文。其周围面积约八万平方米，墓道、牌坊、陵门、碑亭和墓室等是其主要的建筑。从入口到祭堂共 392 级台阶。祭堂门上，挂着一块写有"天地正气"的匾额，堂内正中是孙中山先生的石雕坐像，四周则是以孙中山先生的革命事迹为内容的浮雕。中山陵前临苍茫平川，后踞巍峨碧嶂，气象壮丽。音乐台、光化亭、流徽榭、仰止亭、藏经楼、行健亭、

永丰社、中山书院等纪念性建筑，众星捧月般环绕在陵墓周围，构成中山陵景区的主要景观，不仅寄托了海内外捐赠者对孙中山先生的崇高敬意和缅怀之情，而且都是建筑名家之杰作，具有极高的艺术价值。

南京长江大桥

南京长江大桥位于南京市下关和浦口之间。南京长江大桥是中国 20 世纪 90 年代前最长的一座铁路、公路两用的双层桥。其下层为铁路桥，桥长 1577 米（即江面宽度），如果包括南北两岸的引桥，全长可达 6772 米。桥上铺双轨，两列火车可以同时对开；上层是公路桥，全长 4589 米（包括引桥），宽为 95 米，可以并列行驶 4 辆卡车。正桥有 9 个桥墩，扎根在底岩盘上。桥墩之间的跨度为 160 米。大桥的两头有 4 座多米高的桥头堡，两岸公路引桥由富有民族特色的 22 个双曲拱桥组成。公路正桥两边的栏杆上嵌着 200 幅铸铁浮雕，人行道旁还有 150 对白玉兰花形的路灯。南京长江大桥是继武汉长江大桥、重庆白沙陀长江大桥之后的第三座跨越长江的最大的一座大桥。

大桥两侧整齐地排列着的是 150 对白玉兰花灯，每当夜幕降临，华灯齐放，万盏灯火，把大桥雄姿勾勒得更加清晰、迷人，着实是一幅"疑是银河落九天"的画面。

苏州园林

苏州是中国著名的历史文化名城，有"人间天堂，园林之城"的美誉。这里素来以山水秀丽，园林典雅而闻名天下，有"江南园林甲天下，苏州同林甲江南"的美称。苏州古典园林"不出城郭而获山水之怡，身居闹市而有灵泉之致"，1985年，苏州园林即被评为中国十大风景名胜之一。

苏州园林最早源于春秋时吴王的园囿，三国时期的孙权也曾于此兴建园林。江南最早的私家园林是号称"吴中第一"的东晋辟疆园。南宋时期，江南贵族大力兴建私家园林。这些园林一般建于苏州、杭州、扬州、湖州一带，但以苏州的园林为最多。苏州园林到了明清时期达到鼎盛，到清末苏州已有各色园林一百七十多处，现保存完整的有六十多处，对外开放的园林有十九处，现存的苏州园林大部分是这一时期的遗迹。占地面积不大，但以意境见长，以独具匠心的艺术手法在有限的空间内点缀安排，移步换景，变化无穷。1997年，苏州古典园林作为中国园林的代表被列入《世界遗产名录》。作为苏州古典园林典型例证的拙政园、留园、网狮园和环秀山庄，产生于苏州私家园林发展的鼎盛时期，苏州园林的自然美以其意境深远、构筑精致、艺术高雅、文化内涵丰富而成为苏州众多古典园林的典范和代表。苏州以园林见长，让人感叹园艺的巧夺天工与自然精致。

拙政园位于苏州娄门内，是苏州四大名园之一，全园分为东、中、西三部分，中部为园的主景。园中以水为中心，所有建筑几乎全部临水，景物层次多样而又深远，屋宇辽阔疏朗。楼阁轩榭环池而筑，其间连以漏窗、回廊，园内的山石、古木、绿竹、花卉组成了一幅幽远宁静的画面，代表了明代园林的建筑风格。

浙江省

浙江人杰地灵，其省会杭州市更有着"天堂"之美名，历代都有从这里走出的文人名士。美丽的西施，痴情的白娘子，多少传说都成为千古绝唱……

西湖

西湖位于浙江省杭州市，原来只是一个和杭州湾相通的浅海湾而已。环抱这个浅湾的两个岬角是南面的吴山和北面的宝石山，后因泥沙把出口通路淤塞，进而形成内湖。湖中白、苏二堤将湖面分成外西湖、里西湖、岳湖、后西湖、小南湖五个部分；湖中还有三岛，即小瀛洲、湖心亭、阮公墩。西湖三面环山，吴山、南高峰、玉泉山、北高峰、五云山、葛岭、飞来峰、宝石山等是其主要山峰。其中北高峰海拔355米，南高峰海拔302米。西湖十景源于南宋画院画师的山水小品题名，分别为平湖秋月、苏堤春晓、花港观鱼、双峰插云、柳浪闻莺、雷峰夕照、三潭印月、曲院风荷、南屏晚钟、断桥残雪。

杭州西湖位于浙江省杭州市的西方，它以其秀丽的湖光山色和众多的名胜古迹而闻名中外，是我国著名的旅游胜地，也被誉为"人间天堂"。西湖的水面面积约4.37平方千米（包括湖中岛屿为6.3平方千米），湖岸周长15千米。水的平均深度在2.27米。苏堤和白堤将湖面分成里湖、外湖、岳湖、西里湖和小南湖五个部分。

西湖古称"钱塘湖"，古代诗人苏轼就对它评价道："欲把西湖比西子，淡妆浓抹总相宜。"又名"西子湖"。

西湖的美不仅在湖，也在于山。环绕西湖，西南有龙井山、理安山、南高峰、烟霞岭，大慈山、临石山、南屏山、凤凰山、吴山等，总称南山。北面有灵隐山、北高峰、仙姑山、栖霞岭、宝石山等，总称北山。它们像众星捧月一样，捧出西湖这颗明珠。山的高度都不超过 400 米，但峰奇石秀，林泉幽美。南北高峰遥相对峙，高插云霄。西湖不但独擅山水秀丽之美，林壑幽深之胜，而且还有丰富的文物古迹、优美动人的神话传说，自然、人文、历史、艺术，巧妙地融合在一起。西湖古迹遍布，拥有国家重点文物保护单位 5 处、省级文物保护单位 35 处、市级文物保护单位 25 处，还有 39 处文物保护点和各类专题博物馆点缀其中，为之增色，是我国著名的历史文化游览胜地。

灵隐寺·飞来峰

灵隐寺在西湖西北面的飞来峰与北高峰之间的灵隐山麓中，林木耸秀，深山古寺，云烟万状，是一处古朴幽静、景色宜人的游览胜地，也是我国佛教禅宗十刹之一。寺内主要建筑分别在东、西两条轴线上，东轴线上有斋堂、联灯阁和大悲阁；西轴线上有天王殿和大雄宝殿，为寺内主体建筑，寺后是方丈室。寺内的石塔和石经

幢，有很高的历史价值。

灵隐寺对面的飞来峰，又名灵鹫峰，高 168 米，山体由石灰岩构成，与周围群山迥异。古树参天，泉水淙淙，怪石嶙峋，洞多峰奇，风景幽绝。灵隐寺、飞来峰与周围的翠微亭、冷泉亭、壑雷亭、南北高峰等形成了杭州西北山中一方游览胜地。金光岩壁上西方三圣是飞来峰最古老的造像，临溪岩壁上弥勒佛像是此地最大的造像。

无石不奇，无树不古，无洞不幽。飞来峰的厅岩怪石，如矫龙，如奔象，如卧虎，如惊猿，仿佛是一座石质动物园。山上老树古藤，盘根错节；岩骨暴露，峰棱如削。明人袁宏道曾盛赞："湖上诸峰，当以飞来为第一。"

飞来峰奇石嵯峨，钟灵毓秀，在其岩洞与沿溪的峭壁上共刻有五代、宋、元时期的摩崖造像 345 尊，其中尤以元代藏传佛教造像最为珍贵，堪称我国石窟造像艺术中的瑰宝，故为全国重点文物保护单位。

飞来峰西麓有冷泉掩映在绿荫深处，泉水晶莹如玉，在清澈明净的池面上，有一股碗口大的地下泉水喷薄而出，无论溪水涨落，它都喷涌不息。

钱塘江大潮

钱塘江大潮是发生在中国杭州湾钱塘江口的潮水暴涨现象，被誉为天下奇观，全世界只有巴西亚马孙河的涌潮可与之媲美。潮汐的作用，加之这里独特的河口形状，是钱塘江大潮形成的自然条件。

自钱塘江口逆流而上，依次可见交叉潮（十字潮）、回头潮、一线潮等景观，潮来之时，惊涛拍岸，场面非常壮观。若遇到强劲的东风或东南风，涌潮景象更加壮观。

六和塔

六和塔位于西湖之南、钱塘江北岸的月轮峰上。北宋开宝三年（公元 970 年），僧人智元禅师为镇江潮而创建，是我国古代砖木结构的著名建筑之一。塔高 59.89 米，为八角形多层木檐建筑，外观 13 层，内为 7 层，可沿阶梯登至塔顶。传说"六和"之名来自佛家的 6 种规约，取佛教"六和敬"之义，建塔是为了镇压钱塘江汹涌的江潮。塔建成后，在江中行驶的船只可利用塔灯来辨别航向。塔高 59.89 米，其建造风格非常独特，塔内部砖石结构分七层，外部木结构为 8 面 13 层。20 世纪 90 年代在六和塔近旁新建"中华古塔博览苑"，将中国各地著名的塔缩微雕刻而成，集中展示了中国古代建筑文化的成就。

富春江

富春江位于浙江省中部，地处钱塘汀中下游，长 110 千米，流贯浙江省桐庐、富阳两县。其中的鹳山、春汀第一楼等闻名于世。两岸的崇山峻岭相互环抱，岩石奇峭，被誉为"奇山异水，天下独绝"。

安 徽 省

安徽景色奇丽，其省会合肥市更是皖中古城，这里有"四绝"名扬天下的黄山，有因名刹众多而闻名的安徽四大佛教名山之一的九华山，它们吸引着四方的游客。

教弩台

教弩台位于合肥市东门城内逍遥公园旁，又称点将台，为东汉末年曹操所筑。教弩台上有一口井，由于井口比街道平房屋脊还高，所以被称为"屋上井"。井中有水，其水位比当地水位高出许多，人们至今仍不能弄清楚此水究竟来自何处。井中之水味道甘美，四季不竭。圆形的井台为青石凿制而成，拙朴古老，上面镌刻"晋泰始四年殿中司马夏侯胜造"的字样，此井台已有一千七百多年历史。井口内侧还有23条光滑的深沟，其石质光亮如玉，绽放出水泽般的华光，十分耀眼。

巢 湖

巢湖是中国五大淡水湖之一，位于安徽省中部，又称焦湖。湖面海拔8.37米，东西长54.5千米，南北宽约二十一千米，面积769.5平方千米，是一个由地层陷落形成的构造湖。巢湖汇集诸河来水，又与长江沟通，鱼

饵充足，水温适度，水产丰富，其中银鱼和白米虾、湖蟹素享盛名。湖区坦荡，水网密布，土地肥沃，是安徽省重要的粮、棉、油、麻的生产基地。湖区名胜古迹众多，已辟为安徽省重点旅游区。

巢湖在诸多名胜中，最具吸引力的就是它的山水风光名胜。滚滚东去的大江，烟波浩渺的巢湖，巍峨起伏的群山，热气蒸腾的温泉，从宏观上形成了巢湖山水的壮丽气势。她集长江天险、湖光山色于一体，汇名泉名洞、奇石奇花于一身，湖光、江涛、温泉、奇花，堪称"巢湖四绝"，曾使无数历史上的文人墨客叹为观止。巢湖不仅地上的山水风光旖旎，地下的地层景观更为奇特。除了绚丽多彩的地下溶洞、地下温泉、地下峡谷以外，最罕见的，是平顶山、马家山的中生代三叠纪地层奇观。

天柱山

天柱山植被繁茂，物产富饶，风景多而奇、雄而秀，素以奇峰怪石、飞瀑流泉、峡谷幽洞、险关古寨、雾潮云海知名天下。这里峰无不奇，石无不怪，洞无不杳，泉无不秀。这里有全国重点文物保护单位"薛家岗文化遗址"，可以领略距今五千多年的新石器时代文明，可以在焦仲卿与刘兰芝合葬的孔雀坟前，体会他们那不屈的反抗精神。

天柱山如擎天巨柱，雄伟壮丽，气势非凡。在天柱山正面的崖壁上，镌有"孤立擎霄，中天一柱"八个大字。"顶天立地"四个大字直书其下，气魄雄伟，令人惊叹。天

柱山左、右侧有飞来、三台两峰相峙，更显得气势磅礴。

天柱山飞来峰下的神秘谷被游人称为"天柱一绝"。神秘谷的谷底由 54 个形态各异的洞穴构成，洞连洞，洞套洞，洞内有牖，有庭，有门，有石梯，有石栏。在暗洞中穿行，难辨东西，不知阴晴，压抑沉闷；但一出洞口，即见光明，又使人不觉地激动欣喜。

黄　山

黄山是我国十大风景名胜之一，也是世界闻名的游览胜地，已被联合国教科文组织列为世界自然文化遗产。明代著名地理学家徐霞客曾有诗云："五岳归来不看山，黄山归来不看岳。"黄山峰峦挺拔绵延，集泰山之雄伟、华山之险峻、衡山之烟云、庐山之飞瀑、雁荡之怪石于一身。黄山如一幅立体的画、无声的诗，以奇松、怪石、云海、温泉"四绝"闻名于世，以无与伦比的瑰丽景色吸引着中外游人。

黄山奇松顶平如削，枝干虬曲，苍劲多姿，具有非常独特的艺术魅力，给人以美的享受；怪石形状奇巧多姿、生动逼真，大自然的鬼斧神工令人叹为观止；云海伸手可及，眼前一片汪洋，脚下白浪滔滔，山峰似大海中的孤岛，时隐时现，仿佛身在九霄仙境；温泉清莹洁净，可饮可浴，可治疗多种疾病，其中尤以汤泉最为驰名。黄山四绝以其独特的风采吸引着海内外游客纷至踏来。

江 西 省

江　西省省会为南昌市，该市有着众多的名胜古迹，其中尤以位列"三大名楼"的滕王阁最为著名，王勃以一句"落霞与孤鹜齐飞，秋水共长天一色"而使滕王阁占尽风流。

百花洲

百花洲位于南昌市中心"八一公园"内东湖之中，共有三洲，一洲为市少年宫、省图书馆所在地，处于东湖之中；东面一洲深入东湖湖心，名为苏翁圃；北面一洲叠石成峰，有亭耸于其巅，遂称冠鳌亭。百花洲三面环水，景色迷人，其中闻名遐迩的"东湖月夜"及"苏圃春晓"被列入古豫章十景。

梅　岭

梅岭又叫飞鸿山，位于南昌市区西北 15 千米处，因西汉梅福在此修道而得名，现为梅岭国家森林公园。这里山峦起伏、黛峰绵延，主峰洗药坞海拔 842 米，山中林秀竹翠、溪清涧幽，有"小庐山"之称。梅岭自古以来就以奇山、奇石、奇涧、奇水、奇树、奇雾等自然景观吸引着众多的文人墨客、达官贵人前来一睹为快。

青云谱

青云谱位于南昌市郊 6 千米处。青云谱建于唐贞观十五年，原为道观，这里古木葱郁，竹径小道，花圃亭树，别有风情。著名画家八大山人就在此隐居，后人仰慕其贤，集资改建为"青云圃"，康熙年间改为"青云谱"。现已辟为八大山人纪念馆。纪念馆内有三重神殿，前殿祀关云长，中殿祀吕纯阳，后殿祀许逊——民间传说中治水斩蛟的许真君。

滕王阁

滕王阁位于南昌市沿江北路，濒临赣江，规模宏大，造型典雅壮美，丹柱碧瓦，画栋飞檐，如一只展翅欲飞的鲲鹏，恢宏之势令人赞叹，是江南三大名楼之一。唐永徽四年（公元653年），滕王元婴为洪州都督时所建，阁以滕王封号来命名。王勃为此楼所作千古名篇《滕王阁序》，滕王阁也因此序而名垂千古。

庐　山

庐山风景名胜区位于江西九江市南部，东南靠着鄱阳湖，北临长江。景区面积302平方千米。山上峰峦雄峻、翠谷幽深、变幻无常，故被誉为"难识庐山真面目"。其瀑布与雁荡龙湫、黄山石笋齐

滕王阁的陈列，有很高的文化品位，体现和展示了中华民族悠久灿烂的文化精粹，同时也反映了豫章古代文明的特色。

名，并称为"天下三奇"。其美丽的自然景色为它赢得了"匡庐奇秀甲天下"之誉。东林寺是晋代南方的佛教中心，而白鹿洞则是宋代一个著名的书院。有四千多篇历代名人题咏的诗文。位于庐山东南部的汉阳峰是庐山主峰，海拔1474米，终年云雾缭绕。花径位于庐山牯岭西谷。花径的迎面有一座石门，两边分别刻着"花开山寺""咏留诗人"的石联。白居易曾在此挥笔写下"人间四月芳菲尽，山寺桃花始盛开。长恨春归无觅处，不知转入此中来"的名篇。

三叠泉

三叠泉又称三级泉，水自大月山流下，由五老峰东侧飞流而下，两级飞泻于大盘石上，折而复聚，汇为第三叠，注入九叠谷。三叠落差155米，如晶莹夺目的珠帘悬挂长空，上叠如飘雪拖练，中叠如碎玉摧冰，下叠如银龙跃潭，为庐山第一奇观，故有"未到三叠泉，不算庐山客"之说。庐山还有黄龙潭、乌龙、黄岩等瀑布。"日照香炉生紫烟，遥看瀑布挂前川。飞流直下三千尺，疑是银河落九天。"这是诗人李白对三叠泉壮观景象的描写。

华南地区

HUANAN DIQU

福建省

福建省的省会为福州市，该市是我国沿海重点开放港口城市。福建省古迹众多，有供奉着抗倭名将戚继光的戚公祠，有渔民敬奉的妈祖庙，有"奇秀甲东南"的武夷山。

于 山

于山位于福州市中心。据说，战国时古民族"于越"氏的一支曾居住在这里，因此而得名。于山最高点鳌顶峰海拔 58.6 米，有六鳌胜迹二十四奇景。戚公祠是福州人民为纪念明代抗倭名将戚继光而建的。醉石亭、蓬莱阁、平远台、万象亭、补山精舍为祠内胜景。祠厅建于石岗上，正中有戚继光的泥塑胸像，壁上挂着四幅反映戚继光入闽抗倭的历史图画。

三坊七巷

三坊七巷是福州南后街两旁从北到南依次排列的十条坊巷的简

称。三坊是衣锦坊、文儒坊、光禄坊；七巷是杨桥巷、郎官巷、塔巷、黄巷、安民巷、宫巷、吉庇巷。在这个历史悠久的居民区内，石板铺地，白墙青瓦，结构严谨，房屋精致，匠艺奇巧，集中体现了闽越古城的民居特色，是闽江文化的精华，被誉为一座规模庞大的古建筑博物馆。

湄州妈祖庙

　　湄州妈祖庙位于莆田市东南的湄州岛上。湄州岛面积仅 16 平方千米，海岸线长三十多千米，风光旖旎，人文景观独特。这里滩缓湖平、沙柔水清，现已成为闽东理想的"海上公园"。妈祖实有其人，她是宋代湄州一个乐善好施的妇女，她生前曾救助过许多遇险的船工，死后被百姓封为海神，称为妈祖，又称天后、天妃，成为全球华人渔民的保护神。

鼓浪屿

　　鼓浪屿与厦门隔水相望，与厦门岛只隔一条宽 600 米的鹭江，鼓浪山上怪石嵯峨，叠成洞壑，洞内海风扑面，涛声如雷，故名鼓浪屿。鼓浪屿面积仅 1.84 平方千米，小岛终年绿树成荫、花香扑鼻，被誉为"海上花园"。日光岩又名晃岩，为鼓浪屿的最高峰，海拔 92.6 米。山麓有一座日光寺，太阳从东海冉冉升起，阳光即直射到山石和寺内，日光岩因而得名。站在日光岩顶峰可看到大担、二担、圭屿、青屿诸岛。

南普陀寺

南普陀寺位于厦门南部的五老峰下，始建于唐代，是闽南地区佛教圣地之一。寺内的天王殿、大雄宝殿、大悲殿等建筑精美壮观，弥勒、三世尊佛、千手观音、四大天王、十八罗汉等供奉于此，相貌庄严肃穆，世界各地前来膜拜的善男信女络绎不绝，寺里一直香火鼎盛。

土 楼

土楼是福建有名的民居形式，也是客家人传统的民居建筑，分布于闽西和闽南客家人居住的地方，体现着客家人与众不同的民俗风情。土楼的墙是用土建造的，形状多种多样，其中圆形的土楼最

南普陀寺坐北朝南，依山面海。中轴线主体建筑，依次为天王殿、大雄宝殿、大悲殿、藏经阁。毂阁依山层层升高，层次分明，俯仰相应。

为著名。土楼不仅防震、防潮，而且保温隔热、冬暖夏凉，被誉为神话般的山区建筑。

武夷山

　　武夷山位于福建省武夷山市西南 10 千米处。武夷山被称为福建第一名山，这里峰岩峭拔、风景奇秀、曲水多姿，有九十九岩、三十六峰、七十二洞、一百零八景。岩洞境异形奇，峰岩争奇斗异。

　　九曲溪从三保山起源，流经星村人武夷山，全长 8 千米，折为九曲。玉女峰位于二曲，奇峰亭亭玉立，插花临水，有姝丽之态。在溪流中仰视，玉女峰宛然是一位秀美绝佳的少女。"插花临水一奇峰，玉骨冰肌处女容"，峰岩奇秀，俨然是武夷山水的象征。

海 南 省

苏东坡有一句自嘲词"问吾平生事，黄州、惠州、儋州"。其中儋州就是指今天的海南，苏轼当时怀着九死一生的心情，因为这里是令古人绝望的"天涯海角"。现在，其省会海口市则是我国经济最发达的城市之一。

 ## 五公祠

五公祠位于海口市东南约四千米处，建于清光绪十五年（1889年），是为纪念被贬到海南的唐代宰相李德裕及宋代抗金英雄李纲、李光、胡铨、赵鼎五人而建。祠堂建筑面积为450平方米。主楼为一座两层的红色楼阁，单式斗拱，是典型的清代建筑。匾额悬于楼下正门上，上书"五公祠"三个字，楼上则悬横额"海南第一楼"。五公灵位设在楼上正厅内，楼下厅中则有五公石雕像。内有楹联"只知有国，不知有身，任凭千般折磨，益坚其志；先其所忧，后其所乐，但愿群才奋起，莫负斯楼"。

东坡书院

东坡书院位于海口市西180千米的儋州市中和镇，是宋代文学家苏东坡贬居海南时的住所，时称"载酒堂"。北宋元符元年（1098年），即苏东坡贬居儋州的第二年，儋州守官张中为苏东坡建造此堂，成为海南文人雅士与苏东坡诗酒聚会的场所。清代改称"东坡书院"，后人立东坡塑像以示纪念。

东坡书院坐北朝南，院门轩昂宏阔古雅别致。院内有一湾池塘清波涟漪，一座小桥从池塘上跨过，直通载酒亭。载酒亭绿瓦重檐，上层四角，下层八角，各角相错，呈欲飞之

苏轼是中国文学艺术史上罕见的全才，也是中国数千年历史上被公认文学艺术造诣最杰出的大家之一。

势。亭中悬有一块"鱼鸟亲人"横匾，意为苏东坡远谪海南岛，只有鱼鸟是他的亲人。亭上还绘有反映苏东坡当年在此地生活、写作、授徒情景的8幅图画，生动形象。载酒亭东西两侧有金鱼戏水、红莲盛开的莲池。东坡书院所处环境十分雅致，树木葱茏，鸟语啁啾，一条小河从院门前静静的流过；院内建筑整齐壮观，古朴典雅，具有浓郁的民族风格。东坡书院虽历经千年的风雨沧桑，但至今仍保存完好。

红树林

红树林位于海口市东南的东寨港红树林保护区，占地40平方千米。这里的红树植物终年生长在海水之中，树冠硕大，树干形态奇特，划小船进入红树林曲折的"走廊"，犹如进入幻境。这里现已成

为游览胜地和国内外学者科学考察的基地，人们在此发现的海桑是中国最珍贵的植物。

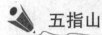

五指山

五指山位于海南岛的中南部，由于主峰状如五指而得名，但并不是《西游记》中记载的镇压孙悟空的五指山。由于地处热带，终年高温多雨，这里森林茂密，树林种类繁多，不同类型植物界限分明，有"绿色宝库"的美称。同时此地动物种群复杂，多种珍贵动物都在这里繁衍生息。

五指山是海南岛的象征，也是我国名山之一。该山位于海南岛的中部，峰峦起伏，呈锯齿状。五指山的山区内遍布热带原始森林，层层叠叠，逶迤不尽。海南岛主要的江河皆从此地发源，山光水色交相辉映，构成奇特瑰丽的风光。五指山林区还是一个蕴藏着无数百年不朽良树的绿色宝库。

亚龙湾

亚龙湾位于三亚市区东南20千米处，此处海湾绵延数千米，形似初升的月牙。这里风平浪静，沙粒洁白细软，海水清澈晶莹，常年可以游泳。海滩遍地布满奇形怪状的海石花。远眺大海，海阔天

空，水天一色，有"三亚归来不看海，除却亚龙不是湾"的美誉。

亚龙湾气候温和、风景如画。当地不仅有蓝蓝的天空、明媚温暖的阳光、清新湿润的空气、原始幽静的红树林、波平浪静的海湾、连绵起伏的青山、千姿百态的岩石、清澈透明的海水、洁白细腻的沙滩，以及五彩缤纷的海底景观等，而且海岸线上椰影婆娑，生长着众多奇花异草和原始热带植被，各具特色的度假酒店错落有致的分布于此，又恰似一颗颗璀璨的明珠，把亚龙湾装扮的风情万种、光彩照人。

鹿回头

鹿回头位于三亚市以南5千米处，是海南岛最南端的山头。这座山三面临海，高275米，登上鹿回头山顶，三亚市全景尽收眼底。

关于"鹿回头"这一地名，还有一段有趣的故事：相传很久以前，海南岛五指山下，住着一个勇敢善良的黎族青年猎手。有一天，一只美丽的小花鹿从他家门前飞驰而过，猎人便紧紧追赶，一直追到了南海边。小花鹿面临大海，回转头来恳求猎手不要伤害它。猎手正要放箭，小花鹿变成了一位美丽的少女。青年猎手弓缩箭落，不知所措。从此，他们相亲相爱，结为夫妻。他俩辛勤劳动将海滩拓为良田，变荒野为椰林。经过世代的繁衍，这里便逐渐形成了一座村落。于是人们便把这个地方称为"鹿回头"。

广东省

广东省可以说是中国陆上的南大门，自改革开放以来，其省会广州和一些城市最先实现了经济的腾飞，从而带动了中国整体经济的发展。

世界之窗

1994 年建成的世界之窗，地处深圳西郊，毗邻"锦绣中华"和"中国民俗文化村"，占地 48 万平方米。它将世界奇观、古今名胜、历史遗址、自然风光、各国民居、异国雕塑、民俗风情、民间歌舞等汇集一园，让游人通过世界之窗，了解大千世界的美妙奇观。园内共建有 118 个景点，其中包括世界著名的景观，如埃及金字塔、美国大峡谷、巴黎凯旋门、印度泰姬陵、澳大利亚悉尼歌剧院、意大利比萨斜塔等。

海上丝绸之路

海上丝绸之路以广州为起点，不断向西方延伸，在秦汉时期到了印度半岛南端，南北朝时期到达西亚，隋唐时期已经能够直通东非沿岸，它加强了中国与海外的通商贸易。中国的丝绸、陶瓷、茶叶等商品，火药、印刷术、指南针等发明沿着海上丝绸之路传到西方各国，加快了世界文明的发展历程。海上丝绸之路在明朝郑和下西洋时达到高潮，而清代时期，由于清政府的闭关锁国，这条路逐渐走到了尽头。

中英街

中英街位于深圳沙头角镇内，街长 250 米、仅宽 3 米。甲午中日战争后，中英街中心被划定为中港界线，一半由中方管辖，一半由港英当局管辖。曲尺形的中英街，中轴有 7 块距离不等的界石，界石的两面分别用中、英文刻上界石顺序号、立石时间。1997 年 7 月 1 日香港回归祖国，中英街也成为了历史遗迹。

中英街原名"鸬鹚径"。英国殖民者于 19 世纪末强迫清政府签定不平等条约后，强行租借九龙半岛界线街以北的地方，深圳河以南包括大屿山等 230 多个岛屿在内的广大地区成了所谓"新界"，租期 99 年，中英街就是在此期间英国殖民主义者展拓"新界"中形成的。英国人勘界后随后竖立了界碑，以此为界线，东侧为华界沙头角，西侧为英界沙头角，并在优质买卖中逐渐形成一条街道，即中英街。沙头角边境小镇这种实行"一街两制"的现象持续了一个世纪，中英街在中国遭受屈辱的历史背景下存留着独一无二的人文景观。

丹霞地貌

　　丹霞地貌是指红色沙岩由于长期被风化剥离和流水侵蚀而形成孤立的山峰和陡峭的怪石，由巨厚红色沙、砾岩组成的各种地貌的总称，主要发育于侏罗纪到古近纪的水平或缓倾的红色地层中，以广东省北部丹霞山最为典型。丹霞地貌区奇峰林立、景色瑰丽，旅游资源丰富，其中丹霞山、金鸡岭、武夷山等早已成为著名风景区。

西南地区

XINAN DIQU

广西壮族自治区

南宁市不仅是广西壮族自治区的首府，同时也是其政治文化中心。这里的清山秀水养育了勤劳智慧的壮族人民。

壮 族

壮族是我国少数民族中人口最多的一个民族，主要分布在广西、云南、广东、湖南、贵州、四川等省区，其中广西分布的最多。

壮族群众勤劳勇敢，富有智慧。壮族妇女擅长纺织和刺绣，所织壮布和壮锦，均以图案精美和色彩艳丽著称，还有风格别致的"蜡染"也为人们所称道。在服饰上，男子与汉族无多大区别，只是女子更多姿多彩，她们特别喜欢在鞋、帽、胸兜上用五色丝线绣上花纹、人物、鸟兽、花卉等，五花八门，色彩斑斓。

壮族服饰主要有蓝、黑、棕三种颜色。纺纱、织布、染布是一项家庭手工业。

壮族人民能歌善舞，以山歌闻名，山歌节奏鲜明，言词婉转，讲究押韵，富有感染力。

涠洲岛

涠洲岛犹如一枚翡翠漂浮在湛蓝的大海中。这座火山岛上有奇特的海蚀海积地貌与火山熔岩景观：猪仔岭憨态可掬，鳄鱼石栩栩如生，滴水岩泉水叮咚，红色火山岩好像刚刚喷发过……岛上绿荫掩映，陡壁幽洞，怪礁奇岩，黄沙碧浪，景物奇美。岛上还建有各种娱乐设施，是海岛探幽、海上垂钓、浴海拾贝、潜水探奇的极好去处。

漓 江

　　漓江是我国锦绣河山中的一颗璀璨明珠，桂林风光的精华，是闻名遐迩的旅游胜地。漓江是桂江上游河段的名称，桂江发源于桂林东北资源县，在梧州汇入西江，全长 437 千米。桂林到阳朔 82 千米的一段水程，是漓江上游景色最佳的一段。它酷似一条青罗带，蜿蜒于万点奇峰之间，可谓"青山簇簇水中牛，水底倒插青芙蓉"。沿江奇峰倒影，碧水萦回，农舍渔村，风光旖旎。飞瀑、深潭、茂竹、绿洲，这一切构成了一幅绚丽多彩的画卷，人称"百里漓江，百里画廊"。

　　漓江发源于兴安县猫儿山，是世界上风光最秀丽的河流之一。乘舟泛游漓江之上，可观奇峰倒影、碧水青山、牧童悠歌、渔翁闲吊——一切都是那么诗情画意。漓江两岸的山峰伟岸挺拔，形态万千，石峰上长有茸茸的灌木和小花，远远看去，仿佛美女身上的衣衫。江岸的堤坝上，终年碧绿的凤尾竹，似少女的裙裾，随风摇曳，

漓江风景区是世界上规模最大、风景最美的岩溶山水游览区，千百年来它不知陶醉了多少文人墨客。

婀娜多姿。最可爱的是山峰倒影，几分朦胧，几分清晰。江面有渔舟几点，红帆数页，从山峰倒影的画面上流过，让人流连往返。

象鼻山

象鼻山位于桂林市漓江和阳江汇流处，因其山形酷似一头站在漓江边伸长鼻子饮水的大象，故此得名。山上有象眼岩，左右对称，极像一对象眼。山下的水月洞刚好分开象鼻和象身，它是桂林市的象征。每到月明之夜，观看水月洞在江中的倒影，酷似皎月浮江，景色独特。

象鼻山是桂林名胜之一，主要景点有水月洞、象眼岩、普贤塔、宏峰寺及寺内的太平天国革命遗址陈列馆等。附近还有隋唐开元寺仅存的舍利塔。水月洞紧靠江边，漓水流贯其间，如水中浮月，山石垂入水中又加象鼻饮水漓汀，景致极佳，唐宋以来即为游览胜地，已有一千多年的游览史。游人无不为她的神奇魅力所倾倒。

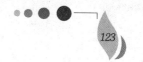

重庆市

重庆市最著名的鬼城丰都，被道家列为七十二洞天福地之一，后来才成为冥府，留下了许多神话传说。历史名城白帝城也位于此。歌乐山烈士陵园也已成为重庆的革命烈士纪念地。

南温泉公园

南温泉公园位于重庆南郊26千米处，面积约四平方千米，花溪河蜿蜒其中，风景优美。南温泉共有12景，其中比较著名的有峭壁泉飞、仙女幽岩、花溪垂钓、南泉温泳等。

南温泉起源于附近的建文峰北麓，每小时流量约30吨，为弱碱性碳酸钙矿泉，常温38℃，是治疗风湿性疾病和皮肤病的好去处。

南温泉公园地处巴县山脉和涂山山脉的交汇处。当地群山蜿蜒，峰峦叠翠。由山、水、林、瀑、洞、泉和名人古迹、传说等景观构成的绮丽景色，使南温泉公园格外诱人。

歌乐山烈士陵园

歌乐山烈士陵园位于重庆市西北郊歌乐山下，是原"中美合作所"旧址。1942年，美蒋签订秘密协定，在此建立国际性特务机构，以联合对日间谍战为幌子，实际上用以监禁、审讯和屠杀中国共产党人和其他革命志士。新四军军长叶挺、抗日爱国将领杨虎城将军等曾在这里被囚禁或杀害。其中渣滓洞和白公馆是两座大监狱。周围用碉堡、岗亭和铁丝网封锁着。这里一直与世隔绝，直到全国解放后才被发现，并开辟成展览馆，定名为"歌乐山烈士陵园"。

歌乐山森林公园

　　歌乐山森林公园位于沙坪坝区，以其秀丽、幽深、古朴、旷达的风格被誉为"山城绿宝石"，素有"天然大氧吧"的美誉。2003年，它被评为国家森林公园和重庆市体育主题公园。公园开发出了西南地区最大的户外攀岩场——歌乐攀岩，还推出了歌乐飞降、森林越野卡丁车、空中探险迷宫等众多体育休闲项目。

　　歌乐山森林公园中，最负盛名的当属歌乐灵音。所谓的灵音，就是风动谷应，涛声渐起，由远及近的悠鸣声。风小则鸣音微弱，风劲则涛声大作，如果遇到暴风骤雨，则风松齐鸣，水石相击，堪称大自然最为奇绝的交响乐演奏。清代时，歌乐灵音被评为"巴渝十二景"之一。歌乐山森林公园还以雾山仙境而闻名远近，这里一年的平均雾日竟达140天以上。若逢雾天，游客在这里又可领略到另一番不同的"云顶烟云"。重庆是一座雾都，而歌乐山常年多雾，山高云低，云烟弥漫，游人置身山顶，只见乱云飞渡，云涛奔涌，

使人如临太虚。歌乐山还保存了从明代到抗战时期大量的名人摩崖题刻，更使歌乐山成为一座名符其实的文化名山。

白帝城

白帝城位于长江北岸，是三峡西口入川的门户。由于地势险峻，为历代兵家必争之地。白帝城三面环水，一面傍山，伫立在雄伟险峻的夔门山水中，显得格外秀丽。白帝庙内有刘备、关羽、张飞的塑像。武侯祠内供奉着诸葛亮祖孙三代的塑像，祠前的观星亭，传说是诸葛亮夜观星象的地方。明良殿和武侯祠左右两侧立有各个朝代的名碑，是我国历史遗留下来的宝贵文物。

白帝城位于重庆奉节县瞿塘峡口的长江北岸，是三峡著名的游览胜地。白帝城原名子阳城，是观"夔门天下雄"的最佳地点。历代著名诗人李白、杜甫、白居易、刘禹锡、苏轼、黄庭坚、范成大、陆游等都曾到访过白帝城，游览过夔门，并留下大量脍炙人口的诗

篇，因此白帝城又有"诗城"的美誉。

长江三峡风光

长江三峡是瞿塘峡、巫峡和西陵峡的总称，三峡西起重庆奉节的白帝城，东至湖北宜昌的南津关，全长193千米。三峡以其险峻幽邃的地形、秀美的风光、磅礴雄奇的气势而著称，峡岸有众多的名胜古迹，是中国乃至世界著名的游览胜地，被人们誉为"黄金旅游线"。

瞿塘峡以雄奇险峻著称。江水至峡口处，"万水争一门"，气势十分雄伟，故有"夔门天下雄"之称。

巫峡两岸青山连绵，群峰如屏，峰回江转，幽深莫测，景色为三峡之首。

西陵峡两岸奇峰矗立，山色葱茏，清泉飞溅，翠竹梯田，可谓"无峰非峭壁，有水尽飞泉"。

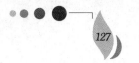

四 川 省

四川省不仅自然风光秀美无双，而且具有悠久的历史和深厚的文化底蕴，其省会成都市便是著名的蜀中名城。这里有佛教名山峨眉山，也有道教名山青城山，有诸葛亮的武侯祠，还有杜甫的草堂。四川省最为珍贵的是闻名于世界的国宝大熊猫。

武侯祠

武侯祠位于成都市南郊，始建于西晋末年，是为了纪念三国蜀丞相诸葛亮而修建，因诸葛亮生前被封为武乡侯而得名武侯祠。原址在成都少城内，唐武宗时（公元841年—公元846年）迁至蜀先主刘备昭烈庙附近，形成了现在这种君臣合庙的景象。虽然大门横额仍书"汉昭烈庙"，但人们还是称其为武侯祠。现存殿宇重建于清康熙十一年（1672年）。殿内有一座诸葛亮贴金泥塑坐像，羽扇纶巾，面容安详，颇具将相风度。

武侯祠中的建筑布局十分严谨，疏密相宜，殿堂雄严，亭台壮观。从山门至大拜殿，左右两廊为前部，是人们祭祀诸葛亮的场所。

后面的茅庐、古柏亭、野云庵、躬耕亭、伴月台、小虹桥、梁父岩、抱膝石、老龙洞、躬耕田，则是根据诸葛亮"躬耕"时的生活起居而兴建的纪念性建筑群，后人将它们称为卧龙十景。大拜殿是武侯祠前部的主体建筑，殿宇高大宏伟，是歇山式建筑，殿前悬

挂十余幅匾联，两壁嵌有石刻，中间有一座武侯诸葛亮的坐像，两侧为其子诸葛瞻、其孙诸葛尚的立像，形态逼真。武侯祠结构幽雅精致，氛围古色古香，意境如诗如画，既不失名士祠的严谨肃穆气氛，也保留了故居园林的活泼清新景象。优美的自然风光与人文景观交相辉映，让人留连忘返。

杜甫草堂

杜甫草堂位于成都西郊浣花溪畔，是唐代诗人杜甫流寓成都时的故居。当年的杜甫旧宅已不复存在，今日的草堂是在明、清修缮基础上形成的。草堂内梅林海园，溪水蜿蜒，桥亭相间，曲径柴门，梅、荷、菊、兰四季吐艳，并有大廨、诗史堂、柴门、工部祠等素雅古朴的园林式建筑，这一切使这里充满着浓郁的文化气息和无限的诗情画意。大堂内有杜甫塑像，并陈列着历代名人题写的楹联和匾额。

草堂完整地保留了代嘉庆重建时的格局，园林是非常独特的"混合式"中国古典园林。草堂内流水萦回，小桥勾连，竹树掩映，显得既庄严肃穆、古朴典雅而又幽深静谧、秀丽清朗。工部祠东侧是"少陵草堂"碑亭，象征着杜甫的茅屋，令人遐想，现已成为杜甫草堂的标志性景点和成都的著名景观。

青城山

青城山位于四川省都江堰市西南 16 千米处，又被人们称为丈人

山，面积 125 平方千米，海拔 1600 米。36 峰形若城廓，环列一体，因林木苍翠、四季常青而得名，被誉为"青城天下幽"。青城山是我国道教的发源地之一，山上有道观 70 余座，被称为"第五洞天"。洞天贡茶、洞天乳酒、道家泡菜、白果炖鸡被誉为"青城四绝"。唐代大诗人杜甫游青城山时，曾留下"自为青城客，不唾青城地，为爱丈人山，丹梯近幽意"的流传千古的诗句。

卧龙自然保护区

卧龙自然保护区位于四川省汶川县境内，是青藏高原向四川盆地过渡的高山峡谷区。卧龙自然保护区是世界上最大的大熊猫栖息地和繁殖基地，已被列入国际生物圈之列。保护区内拥有大片原始森林，并设有大熊猫研究基地，以便保护、研究和繁育大熊猫。

九寨沟

九寨沟位于四川省阿坝藏族羌族自治州东北部，是岷山山脉中一条纵深 40 千米的"Y"字形沟谷。因沟内有盘信寨、彭布寨、尖盘寨、故洼寨、盘亚那寨、荷叶寨、树正寨、黑果坝寨、则查洼寨 9 个藏族寨子而得名。山间河谷中密布着原始森林，河谷地带还有大小 108 个湖泊和众多的大小瀑布。传说山神达戈爱上了美丽的女子色嫫，达戈用纯净的风磨砺成一面晶亮的镜子送给了色嫫，色嫫接过镜子时，失手跌落，把镜子摔成了 108 片，散落到九寨沟后，就形成了这些形状各异、五彩斑斓的湖泊。九寨沟山水相映，景色迷人，宛如一幅美妙的自然画卷。此外，这里的各种珍贵动植物也为研究自然生态、生物演化和古地理学、古气象学提供了宝贵的实物资料。

贵 州 省

贵 州省的省会为贵阳市，是该省政治、工商、交通、文化中心。贵州省多青山绿水，还有许多奇形异态的钟乳石，其中以白龙洞最为奇特。

黔灵山

黔灵山位于贵阳市西北，有"黔南第一山"之称。这里古树参天、山岗绵延、资源丰富。山中有高等植物一千五百多种，名贵药材一千多种，常见鸟类五十多种，以及成群的猕猴等。黔灵山山顶呈凹形，是第四纪冰川期的遗迹。麒麟洞是一个石灰岩溶洞，因曾囚禁过张学良、杨虎城两位将军而被世人所关注。黔灵山岩石上所刻的"虎"字，字体有 6 米之高，为清代贵州书画家吴竹雅一笔挥就。

山位于贵阳市中心区西北，以明山、秀水、幽林、古寺、圣泉、灵猴而闻名遐迩。山中峰峦叠翠，林木葱笼，古洞清涧，深谷幽潭，

景致清远，自古是贵州高原一颗璀璨的明珠。

黄果树瀑布

黄果树瀑布位于贵州省镇宁布依族苗族自治县西南 15 千米的白水河，这里山峦重叠，林木苍翠，白水河水流湍急，波涛汹涌，流经黄果树地段时，形成了 9 级 18 瀑和 4 个地下瀑。在这些瀑布群中，黄果树瀑布是我国第一大瀑布，也是世界上最壮观、最优美的喀斯特瀑布之一。

黄果树瀑布主瀑高 67 米、宽 83.3 米，湍急的水流从悬崖之巅飞落直下，雷鸣般的巨响远在几千米外也可清晰听见。飞瀑跌落处，雪涛喷涌，激起的浪花水珠高达数十米，形成飘飘洒洒的蒙蒙细雨，峡谷上下一片迷蒙，忽明忽暗，遇太阳照射，便会出现五彩长虹，霞光遍地，耀眼夺目。瀑布对面建有观瀑亭，游人可在亭中观赏汹涌澎湃的河水奔腾直泻犀牛潭。腾起的水珠在附近形成水帘，盛夏到此，暑气全消。瀑布后面的绝壁上凹成一洞，人称"水帘洞"，洞深二十多米，洞口常年被瀑布遮蔽，游人可在洞内窗口窥见天然水帘之胜境。

黄果树瀑布以其雄奇壮阔的大瀑布、连环密布的瀑布群而闻名于海内外。黄果树瀑布享有"中华第一瀑"的盛誉，是除尼亚加拉

瀑布和维多利亚瀑布之外的第三大瀑布。

黄果树景区内风景秀丽、环境优美、空气清新、气候宜人，有着悠久的历史文化，是休闲、度假、观光、疗养、追求谧静的理想胜地。

梵净山

梵净山位于贵州东北部江口、印江、松桃三县交界处，面积567平方千米。梵净山主峰为凤凰山，是武陵山脉的最高峰。其形状颇似饭甑，故又称饭甑山，其音与"梵净"相近，明代改为现名。梵净山有原始森林100平方千米、动物种类丰富，其中有金丝猴、熊猫、华南虎等13种国家一类保护动物。峰顶一桥凌空飞架，名天仙桥，下更有释迦殿、弥勒殿遗址和拜佛台、观音洞、舍身崖等名胜古迹。有时在夕阳和晨曦中，九皇洞和金顶、蘑菇岩一带可见"佛光"奇景。

梵净山生活着脊椎动物382种，其中受国家保护的野生动物有黔金丝猴、熊猴、猕猴、林麝、毛冠鹿、苏门羚、云豹、穿山甲、鸳鸯、红腹角雉、红腹锦鸡、白冠长尾雉和大鲵等14种。其中最珍贵、最具科考价值的是黔金丝猴。黔金丝猴是我国特有的珍稀兽类，因数量稀少，现已成为世界上濒危物种之一。黔金丝猴栖息在人迹罕至的深山密林，现在大约有750只。游客在游览区内很难看到。

云 南 省

风轻轻，云朗朗，云南风光如诗如画，其省会昆明市更仿佛是人间仙境。云南如同一只五彩的蝶，穿越神秘、幽远、深邃的泸沽湖，走向尘世外的净土，沉醉在梦里温柔乡。

滇 池

滇池坐落在昆明市西南，又名昆明湖，距离昆明市 20 千米。从形成上说，它原是高原上的一个断层陷落湖，面积 298 平方千米，南北长 32 千米，东西平均宽 8 千米，湖岸线全长 150 千米，平均水深为 5 米。景区内奇峰、苍山、怪石、流泉、碧水、花木交相辉映，自然风光秀丽。另外，景区内还保存着风格迥异的佛寺道观，具有突出的民族和地方特色。此处传统的民族习俗风情更是独具特色。

滇池素有"高原明珠"之称，是昆明风景名胜的代表。游人既可环湖探访石器时代的遗址，追寻古滇王墓的踪迹，探索云南文化摇篮的奥秘；又可在岸边游览郑和故里、盘龙古寺、西山、白鱼口、官渡金刚塔等数十处名胜古迹；还可以深入环湖海口、昆阳、官渡、黑林铺等大小城镇考察风俗民情。游人无不被滇池的美丽景色所征服。

大理三塔寺

大理三塔寺，原为崇圣寺，位于大理古城北 1 千米的点苍山应乐峰下，西依巍巍的点苍雄峰，东临烟波浩渺的洱海，三塔鼎立，气势磅礴，使大理的古城风韵更加迷人。

三塔一大两小，非同时所建，小塔在主塔西侧，与主塔等距 70 米，两小塔相距 97 米，呈三足鼎立之势。主塔名千寻塔，建于唐开成元年（公元 836 年），高 69.13 米，密檐式建筑，气势宏伟壮观，共 16 层，每层东西设佛龛，南北置窗洞，塔顶 4 角各有一只铜铸金鹏。两个小塔为五代时期所筑，高均为 42.19 米，共 10 层，塔身有佛像、莲花、净瓶等浮雕，层层各异。三塔布局和谐自然，浑然一体。三塔前照壁上还镶有"永镇山川"四个大字。

洱 海

洱海古称叶榆泽，因形似人耳而得名。它面积为 249 平方千米，平均水深 10.5 米，是仅次于滇池的云南第二大湖。洱海湖岸曲折，湖水碧绿，波光粼粼，倒映出西岸的点苍山雄姿，构成了大理著名的"上关花，下关风，苍山雪，洱海月"的奇丽风光，其中雪与月的"银苍玉洱"更是引人入胜。

近看洱海碧波万顷，水光潋滟，远眺苍山巍峨峻峭，苍苍莽莽，

可谓"苍山不墨千秋画，洱海无弦万古琴"。

洱海位于大理市境内，是白族人民的"母亲湖"。从高空俯视，洱海宛如一轮新月，静静地卧在苍山和大理坝子之间。洱海共有3岛、4洲、5湖、9曲。洱海的湖水清澈见底，透明度很高，人们自古以来就一直称它为"群山间的无瑕美玉"。相传在洱海的湖底生长着一棵硕大无比的玉白菜，这碧波莹莹的湖水，就是从玉白菜的心底沁涌出来的玉液。

西双版纳

西双版纳位于云南南部，与缅甸、老挝接壤，是傣、汉、哈尼等多民族聚居地区，包括以景洪为中心的西双版纳傣族自治州景洪市和勐海、勐腊二县地域。"西双版纳"是傣语，意为"十二行政区域"。

景洪，傣语意为"黎明的城"，是一座民族风情浓郁、亚热带风光迷人、的边城。澜沧江大桥把城市分为南、北两区，市中心有碧波荡漾、睡莲盛开的孔雀湖。

西双版纳是全国唯一的一处热带雨林自然保护区。保护区内林木参天蔽日，珍禽异兽比比皆是，奇木异葩随处可见。毗邻泰国、缅甸的西双版纳充满了佛风，佛塔寺庙与傣家竹楼、翠竹古木交相

辉映，呈现出一派神圣景象。

西双版纳傣族的新年，在傣语里称为"楞喝桑堪"或"桑堪比迈"。由于欢度新年的时候，傣族人要举行热烈而隆重的泼水祝福活动，外地人因此又把它称为泼水节。傣历六月的泼水节一般在公历四月中旬，为期三至五天。

虎跳峡

虎跳峡位于丽江石鼓东北约 50 千米处。金沙江到石鼓后急转北流，切断玉龙雪山和哈巴雪山，形成壮观的大峡谷——虎跳峡。峡谷长约 16 千米，江岸高山夹峙，峭壁耸立，山岭高出江面 3000 米以上，为世界最深的峡谷之一。谷底狭窄，江面仅宽 60～80 米，传说这里曾有巨虎一跃而过因此得名虎跳峡。江水奔腾咆哮，冲过 7 个陡坎，上下峡口落差达二百余米，蕴藏的水力资源极为丰富。

西藏自治区

西藏自治区简称"藏"，首府为拉萨。在这里，转动的经筒吟唱着生命的信仰，氤氲的云雾蒸腾在世界的屋脊。收下洁白的哈达，饮一杯青稞酒吧，这里是灵魂的居所……

大昭寺

大昭寺位于西藏自治区拉萨市内，由唐朝文成公主亲自选地设计，于唐永徽三年（公元 652 年）吐蕃赞普松赞干布为纪念文成公主入藏而建造的。整座建筑气势磅礴、宏伟壮丽，占地面积 2.51 万平方米。

在大昭寺主殿的墙上绘有长近千米的壁画，色彩艳丽、形象逼真。寺内保存了大量元代的壁画、雕像，因此大昭寺被称为中国第二敦煌。大殿内藏有元代及其以前的佛经一万余部。藏书包括宗教教理、哲学、医学、历算、诗歌、戏剧、天文、地理等多方面的内

容，价值连城。同时，还保留了元、明皇帝给历世萨迦法王的印章、命令等，这些实物充分证明了西藏自古就是中国的神圣领土。

布达拉宫

布达拉宫位于拉萨市西北角玛布日山上，是世界上海拔最高的建筑，为西藏历代达赖喇嘛的居住地。布达拉梵语意为"佛教圣地"，是公元 7 世纪时吐蕃赞普王松赞干布与唐联姻，为迎娶文成公主而修建的宫殿，宫殿依山砌筑，包括白宫、红宫等建筑，共占地 41 万平方米。宫殿顶覆镏金瓦，在阳光照射下金光闪闪。布达拉宫除宫殿建筑本身极高的历史、艺术价值外，宫中文物浩瀚如海，有数不清的精美壁画，数以万计的唐卡（卷轴佛画），流光溢彩的塑像，建造豪华的灵塔及为数众多的藏毯、华盖、幔帐、法器、陶瓷、玉器、金银器等，真可谓是藏族文化的艺术宝库，中华民族的一颗璀璨明珠，世界文化艺术殿堂中的瑰宝。

布达拉宫是藏族建筑艺术的杰出代表，中国最著名的古代建筑之一，被誉为世界屋脊的明珠布达拉宫是历世达赖喇嘛的冬宫，也是过去西藏地方统治者政教合一的统治中心，从五世达赖喇嘛起，

重大的宗教、政治仪式均在此举行，它同时是供奉历世达赖喇嘛灵塔的地方。

布达拉宫依山垒砌，气势雄伟，有横空出世、气贯苍穹之势。今天，人们眼中的布达拉宫，不论是它石木交错的建筑方式，还是从宫

殿本身所蕴藏的文化内涵看，都能感受到它的独特性。大殿内的壁画可以说是一部珍贵的历史画卷。

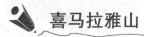

喜马拉雅山

喜马拉雅山位于西藏高原和印度次大陆之间，分布在我国西藏自治区、巴基斯坦、印度、尼泊尔、不丹境内，是一座近似东西走向并向南延伸的弧形山系，也是世界上最高大的山系。由于地处高寒地区，喜马拉雅山形成了许多非常巨大的冰川。雪线以下的几百千米范围内冰塔林立，幽深的冰洞、曲折的冰面溪流夹杂其间构成了奇物的景色。喜马拉雅山脉南侧陡峭，而北坡比较平缓。北侧的缓坡与藏南谷地相接，可进行农耕放牧，是藏族人民的生活聚居地。

喜马拉雅山最典型的特征是其扶摇直上的高度。一侧陡峭参差不齐的山峰，令人叹为观止的山谷和高山冰川，被侵蚀作用深深切割的地形，深不可测的河流峡谷，复杂的地质构造，表现出动植物和气候不同生态联系的系列海拔带。从喜马拉雅山的南面看，它就像是一弯硕大的新月，主光轴超出雪线之上，雪原、高山冰川和雪崩全都向低谷冰川供水，后者则因此成为大多数喜马拉雅山脉河流的源头。不过，喜马拉雅山脉的大部分在雪线之下。

珠穆朗玛峰

珠穆朗玛峰位于西藏自治区定日县南部，在西藏与尼泊尔的交界处，海拔 8844.43 米，为喜马拉雅山主峰，被称为世界第一高峰。

山下土地被从雪山上流下的雪水灌溉着，牛羊肥壮，庄稼丰收。人们把此雪山称做珠穆朗玛峰，意为"女神第三"。

珠峰不仅巍峨宏大，而且气势磅礴。在它周围 20 千米的范围内，群峰林立，山峦叠嶂，形成了群峰来朝、峰头汹涌的波澜壮阔的场面。珠穆朗玛峰的山体呈巨型金字塔形，地形极其险峻，环境异常复杂。它的东北山脊、东南山脊和西山山脊中间夹着三大陡壁（北壁、东壁和西南壁），在这些山脊和峭壁之间还分布有 548 条大陆型冰川。冰川上有瑰丽罕见的冰塔林，还有高达数十米的冰陡崖和险象环生的冰崩雪崩区。

港澳台地区

GANG AO TAI DIQU

香　港

香港是中华人民共和国的一个特别行政区，按照"一国两制"的方针，香港仍然享有高度自治权。香港现代化气息浓郁，经济处于世界发展水平的前沿。

香港岛

香港岛简称为港岛，是香港的主要岛屿，也是香港第二大岛屿，是香港三块地方中唯一离开大陆的岛屿。广义上的香港岛地区还包括鸭脷洲、大小青洲、熨波洲、银洲等附属岛屿。港岛上有许多小山，高度基本为 300～400 米，最高峰是太平山，海拔 554 米。香港岛的面积（和周围小岛）约为 78.40 平方千米。香港岛是香港地区的行政和金融中心，岛屿北面的中西区、湾仔区和东区人口高度密集，几条繁华的商业大街都位居此地，如皇后大道、德辅道、干诺道等。香港岛的南部有著名的深水湾和浅水湾，旅游区和高级住宅区也集中在这里；港岛中部是香港政府机关的所在地，豪华的商业大厦和购物中心鳞次栉比，这里是购物者的天堂，是时尚与奢华的

集合体。

天坛大佛

天坛大佛座落在宝莲寺牌坊正对的木鱼山顶上，因基座仿照北京天坛的设计而得名，是香港最受欢迎的旅游景点之一，众多的香港电影也在此取景。天坛大佛是世界上规模最大的露天青铜坐佛。佛像身高23米，加上莲花座及基座总高约34米，重250吨，佛头以黄金贴面，由202块青铜焊接而成（佛身一百六十块、莲花三十六块、云头六块）。因在浇注大佛时加入了约2千克的黄金，佛身在阳光的照耀下显得熠熠生辉。大佛的造型集云岗、龙门佛像和唐代雕塑技术之精粹，庄重慈祥。佛像坐南朝北，右手与胸齐平，五根手指平伸，示

香港大屿山天坛大佛形象逼真为众多信徒所膜拜。

"无畏印"，寓意拔除痛苦；左手下垂至脚上，反掌向外，指端微微向下，为"与愿印"，代表施予快乐，表现了大慈大悲与大雄大力，佛祖普度众生的慈悲之心被塑造得惟妙惟肖，令人肃然起敬。

海洋公园

香港海洋公园是世界上最大的海洋公园之一，位于香港南部香港仔海洋公园道。其三面环海，东濒深水湾，南临东博寮海峡，西接大树湾。公园始建于1977年元月，占地87万平方米。园间设有架空缆车，游客只需乘坐缆车，便可游览到公园全景。在缆车内可观赏深水湾、浅水湾海景。它包括海洋天地、绿野花园、集古村、山上机动城、雀鸟天堂、急流天地、水上乐园、儿童王国等八区。

南朗山公园的海洋天地由海洋馆、鲨鱼馆、浪涛馆、海洋剧场及海拔200米的海洋摩天塔组成。海洋馆是一座椭圆形的建筑物，构造精巧，利用一个天然山凹筑成一个圆形大鱼缸，里面生活着大鲨鱼、大石斑、海马、海龙、海龟及珊瑚鱼等四百种海洋生物。

维多利亚港

维多利亚港位于香港的香港岛和九龙半岛之间的港口和海域，是中国第一大海港，世界上第三大海港，仅次于美国的旧金山和巴西的里约热内卢。维多利亚港自古就是一个主要的海上航道，古时就有中原军队驻守。据史书所载，宋朝已有军队留守此地，保护当时的盐商和盐的海上贩运。清朝时期，英国人发现维多利亚港有成为东亚地区大港口的优良潜力，继而占据了此岛。维多利亚港海面宽阔，风光秀丽，海港的西北部有世界最大的集装箱运输中心之一的葵涌货柜码头。每天日出日落，繁忙的渡海小轮来往于南北岸之间，渔船、观光船、邮轮纵横交错，构成海上一片繁华景致。一百多年来，维多利亚港的地位远远超越了一个普通的港口。维多利亚港在位置及地貌上来说都是香港的中心，它是香港重要的天然资源，也是香港市民生活中不可或缺的一部分，维多利亚港影响着香港的历史和文化内涵，为香港这个国际大都市不断地增光添彩。

澳 门

澳门位于珠江三角洲的南段，包括附近的两个小岛。澳门半岛呈带状，与广东省珠海市的拱北街道相连，澳门的土地有一半左右为填海而成，平坦地带较少。

澳门半岛

澳门半岛是组成澳门的四部分之一，是澳门居民的主要聚居地，也是澳门开发最早的地区，已经有超过四百年的历史。澳门半岛位于广东省南海岸珠江口西南部，是澳门最主要的半岛，澳门绝大部分人口和经济活动都集中在这里。澳门半岛由花岗岩丘陵和小冲积平原组成，西部与湾仔之间为狭窄的澳门河口，建有渔业、水运码头和港澳之间的轮渡码头；东岸防波堤内新建外港，但淤塞严重，仅为港澳之间的交通码头，缺乏深水码头和避风塘，大型船只在此停泊的不多。澳门资源贫乏，工业主要有玩具、电子、成衣加工等，正因如此，澳门拥有了得天独厚的洁净环境。

妈祖阁

　　妈祖阁坐落于澳门特别行政区的妈阁庙前面，它是澳门最古老的一座古刹，于明弘治元年（1488 年）创建。庙宇背山而建，面临大海，周围古木参天，风景优美迷人。弘仁殿是其主殿，在殿内四壁上，还雕刻着海魔神将，而天后神像则在中央供奉。据称，葡萄牙人于四百多年前初次抵达澳门时即在妈祖庙前登陆，问当地居民这里的地名，居民回答"妈阁"。葡萄牙人以音译为"MAcAu"，澳门葡文名称便由此而来。

　　妈祖阁俗称天后庙，坐落于澳门的东南部。妈祖阁枕山临海，倚崖而建，周围古木参天，风光秀丽。主要的建筑有大殿、弘仁殿、观音阁等殿堂。庙内主要供奉道教女仙妈祖。妈祖又称天后娘娘、天妃娘娘，古时百姓称其能预言吉凶，常帮助海上的商人和渔人消灾解难，于是福建人与当地人特意在此地立庙祀奉。

路环岛

　　路环岛位于澳门凼仔岛之南 2000 米处，岛西侧面对着珠海市的大横琴岛，相距最窄处不到 300 米。路环岛上丘陵起伏，地势为澳门最高，平地很少。黑沙和竹湾两个优良海滩游泳浴场分别位于岛的东南和南岸。随着澳门的发展，路环岛的发展也在不断加快。

路环岛从东北向西南斜卧在海中，地势比凼仔岛高，大部分地区的高度在百米以上，而且大多集中在岛的中部和东部。岛上的山岩以花岗岩和火山岩为主。迭石塘山海拔为 176.45 米，是路环岛的最高点，也是全澳门最高的山峰。一座长 2225 米的跨海大桥横跨在凼仔岛与路环岛之间。此处离澳门半岛较远，人口较少，但其环境清幽，山峦起伏，树木繁茂，公园较多。是一处放松精神，接近自然的好去处。

大三巴牌坊

大三巴牌坊位于大炮台山西侧，是澳门最有代表性的名胜古迹，也是澳门的标志。它是圣保禄教堂的前壁，古代称之为三巴寺，修建于 1602 年——1637 年，1835 年遭大火焚毁，仅存前壁，当地人因其大致形似中国牌坊，故称大三巴牌坊。牌坊正面分 5 层，每层都有不同圣灵意义的人物雕像、花卉和动物浮雕，这些浮雕和壁画糅合了欧洲文艺复兴时期与东方建筑的风格而成，体现出东西艺术的交融，其雕刻细腻精美，栩栩如生，有"立体圣经"之称。

游览大三巴牌坊，游人除了欣赏巍峨壮观的前壁之外，还要仔细琢磨壁上精致的浮雕及其意义才是不虚此行。从牌坊顶部逐层而下，先是一个高高在上的十字架，向下再分 3 层，每层的壁龛均藏有一个铜像。十字架下有一具鸽形铜像，据说这具铜像代表了圣神，铜像的旁边围有太阳、月亮及星辰的石刻，象征圣母童贞怀孕的一刹那，铜鸽之下则是一尊耶稣圣婴雕像。大三巴牌坊已经成为澳门的象征之一，也是游客澳门之行的必到之地，甚至连很多澳门人结婚时都喜欢在这里拍摄婚纱照以作纪念。

台湾省

台湾自古就是中国的领土。1662 年郑成功率兵驱逐外来侵略者，收复了台湾。清朝初年在台湾设府，属福建省。如今的台湾经济发达、风光绮丽，其首府台北市更是全省的政治、经济、文化中心。

高山族

高山族是台湾省最著名的少数民族，主要聚居在台湾岛的山地、东部沿海和兰屿岛上。因地区的差异，高山族所使用的语言也不同，但是没有本民族的文字。在台湾，高山族人只占 2% 左右，但却是台湾最早的居民。在其历史发展中，高山族曾进行过反抗外来侵略和反动统治的英勇斗争。高山族人主要从事农业、林业、狩猎和捕鱼等生产活动，并保留了许多本民族的古老风俗文化。

日月潭

日月潭位于台湾省南投县鱼池乡，是由于阿里山涧和玉山的断

台湾省风景秀丽，水产丰富。

裂盆地积水而形成的，被称为台湾胜景之冠，为台湾省第一天然大湖。其湖周长36千米，湖中有一个小岛，以岛为界，南半湖状似新月，北半湖形同日轮，"日月潭"之名由此而来。日月潭四周不仅有翠山环抱，林木葱郁，而且山水相映，白云缭绕，别有一番景致。特别是每当夕阳西下的时候，湖中就会烟霞四起，继而明月东升，清辉满湖。日月潭被四周翠峰环抱，湖水碧蓝，而湖面曲折逶迤，优美如画，被誉为台湾八大景中最佳的一景。

日月潭之美在于环湖耸立的重峦叠峰。湖面辽阔，潭水清澈；日月潭一年四季，晨昏景色各不相同。七月时当地的平均气温不高于二十二摄氏度，一月时气温不低于十五摄氏度，因此夏季清爽宜人，是避暑的绝佳去处。

阿里山

阿里山位于嘉义县东北，是尖山、祝山、塔山等18座山的总称，东面靠近台湾最高峰玉山。阿里山的森林、云海和日出，被誉为三大奇观。这里出产的是世界罕见的高级建筑木材，如台湾杉、铁杉、红桧、扁柏和小姬松，被称为阿里山特产"五木"。山上有高山博物馆，陈列各种奇木异树，高山植物园内种有热带、温带、寒带数百种植物，时而像连绵起伏的冰峰从谷中冒出，时而像波涛汹涌的大海，从天外滚滚而来。

阿里山包涵的范围虽然很大，但人们一般所指的阿里山是沼平公园一带的阿里山森林游乐区。阿里山的景观多元，春可赏花、夏可避暑，秋冬观日出、看云海，一年四季皆可前往游览。阿里山的高山铁路、森林、云海、日出及晚霞，更号称是"阿里山五奇"，使无数游人沉醉其中。

 ## 佛光山

佛光山位于高雄县大树乡东北区，是台湾最大的佛教道场，也是中外闻名的佛教胜地，有"南台佛都"之称。佛光山是由星云法师率领弟子创建的，创办人星云法师提倡"人间佛教"之道。佛光山的寺庙建筑十分宏伟，还设立了佛教大学以推广佛法，现已成为台湾信徒最多、最负盛名的佛教圣地。

除了主要的寺院建筑外，佛光山最具特色的建筑就是大佛城，大佛城中的接引大佛高 36 米，在阳光的照射下放射出万道金光，是佛光山的地标，四周共有 480 尊小型金身阿弥陀佛塑像围绕。除此之外，佛教文物陈列馆珍藏古今中外佛教文物多达上千件，值得游人上山一览。